포기 없는 기다림

포기 없는 기다림

지은이 유재명
펴낸이 안용백
펴낸곳 (주)도서출판 넥서스

초판 1쇄 발행 2010년 11월 25일
초판 4쇄 발행 2010년 12월 30일

출판신고 1992년 4월 3일 제311-2002-2호
121-840 서울시 마포구 서교동 394-2
Tel (02)330-5500 Fax (02)330-5555
ISBN 978-89-6000-973-8   03230

www.nexusbook.com
넥서스CROSS는 (주)도서출판 넥서스의 기독 브랜드입니다.

우리를 향한 하나님의 끝없는 사랑

포기 없는
기다림

유재명 지음

넥서스CROSS

나를 향한 하나님의
애타는 마음

저는 하나님께 부름받아 황무했던 안
산의 물이 솟아나는 작은 지하실에서 소수의 성도들과 함께 말
씀대로 살기를 시작했습니다. 열 명의 성도 앞에서도 천 명의 성
도에게 설교하듯 사력을 다하였습니다. 잘난 것도, 대단한 것도
없기에 오직 말씀, 오직 무릎으로만 승부하려고 몸부림쳤는데
그때마다 하나님이 은혜를 베푸셨습니다.

목회 중에 아픔과 슬픔을 못 이겨 괴로울 때도 많았지만 그
고통은 하나님께만 아뢰었고, 사람이 아닌 하나님의 음성만을
듣기를 간구했습니다. 쉽지는 않았지만 그러면서 하나님의 마

음을 더 깊이 이해하게 되었습니다. 그리고 이 시대와 성도를 향한 하나님의 마음에 대해 더욱 고민하게 되었습니다.

그러다가 〈호세아서〉에 담긴 하나님의 본심을 전해야겠다는 부담감을 가지게 되었고, 제가 받은 은혜를 성도들에게도 나누어주었습니다. 그리고 말씀을 전하는 내내 행복했습니다.

성도들이 무너지는 것은 배고프거나 어려울 때가 아닙니다. 역사를 봐도 성도들의 신앙은 박해받을 때 더욱 굳건해졌습니다. 하지만 풍요롭고 부강할 때는 어김없이 무너졌습니다. 부족함 없이 누리게 되자 하나님을 소망하지 않고 세상에 빠져 타락의 길을 걸은 것입니다. '더 잘살아야 한다, 더 화려해야 한다, 더 누려야 한다, 더 즐겨야 한다'는 욕심에 매이게 됩니다. 부요함이 신앙을 강하게 하지 못하듯 빈곤함 역시 우리의 신앙을 퇴보시키지 못합니다.

하나님이 그분의 백성에게 원하시는 것은 하나님을 구하는 것입니다. 하나님은 이스라엘이 부요해지기 위한 수단이 아니었습니다. 그러나 이스라엘은 하나님을 그들의 배를 채우고 즐거움을 누리게 하는 도구로 삼아 하나님과 더욱 멀어져갔습니다. 그럼에도 하나님은 이스라엘을 한없이 사랑하셔서 그들을 결코 놓아버릴 수 없었습니다. 세상이 좋아 하나님을 떠났다가 세상에서 버림받은 이스라엘을 향해 "나는 너를 절대 포기하지 않을 것이다"라고 말씀하십니다. 그런데 지금 우리가 살고 있는 시대가 바로 호세아 시대와 같은 길을 걷고 있는 것 같습니다. 호세아를 통해 하나님이 하신 말씀에 귀를 기울일 때입니다.

아버지의 마음을 이해하고 나면 웬일인지 성도들이 모두 긍휼의 대상이 됩니다. 내가 하나님께 긍휼을 입은 것처럼 말입니다. 아비의 마음을 모르는 자식을 향한 애타는 하나님의 심정으로 말씀을 전하고 싶었습니다.

늘 부족함을 느끼는 저의 설교를 들어주는 빛나 가족들이 고

맙습니다. 백 번을 들어도 "아멘" 하며 은혜받는 빛나 성도들이 있기에 지금의 제가 있는 것입니다. 또한 설교 때마다 묵묵히 기도로 내조하는 아내와 자녀들에게 고마움을 전합니다. 저의 투박한 설교를 책으로 엮으며 맛을 내기 위해 수고해주신 넥서스 식구들에게도 감사드립니다.

저에게 보여주셨던 하나님의 마음이 이 글을 읽는 독자에게도 전달되는 은혜가 있기를 소망합니다.

안산빛나교회 유재명 목사

사랑에서 비롯된
하나님의 진노

유재명 목사는 저와 같이 안산 지역을 섬기는 동역자입니다. 매
주 설교 준비를 위해 찾는 기도원에서 만나 교제를 나누며 말씀
에 대한 그의 열정과 사랑을 알게 되었습니다.

그는 매주 설교 준비를 위해 산고를 치르는 어미처럼 말씀을
온몸으로 꽁꽁 껴안고 애를 씁니다. 어떤 날은 마을 어귀에서 집
나간 아들을 기다리는 아비처럼 서성이며 말씀을 안고 울곤 합
니다. 이렇게 하나님의 말씀을 간절히 사모하며 설교를 준비하
니 성도들이 그 설교를 듣고 말씀대로 살려고 부단히 노력합니
다. 그리고 집회를 통해 그의 설교를 듣는 전국의 성도들이 말씀
으로 새 삶을 살게 됩니다.

이 책에서 유재명 목사는 〈호세아서〉를 통해 우리 시대의 아

픔과 죄악에 대한 하나님의 마음을 드러냈습니다. 이 시대는 아픔이 많이 있습니다. 또 그 아픔만큼 죄악도 횡행하고 있습니다. 그러나 말씀을 전파하는 사람들이 죄에 대한 설교는 피해가고 아픔만 위로하기에 진정한 의미에서 아픔이 치유되지 못하고 있습니다. 이 책은 이러한 세태에 대해 경고하며 죄인을 향한 하나님의 진노의 마음을 드러냅니다. 또한 이러한 하나님의 진노가 미워하는 마음이 아닌 사랑에서 비롯되었고, 하나님이 우리를 끝까지 기다리신다는 것을 참으로 감명 깊게 보여줍니다.

하나님의 백성들이 애타게 기다리시는 하나님의 마음을 알아 참다운 회개와 용서의 자리로 초대받기를 바라며, 기쁜 마음으로 이 책을 추천합니다.

안산동산교회 담임목사 김인중

상한 심령을 새롭게
하시는 하나님

신실한 유재명 목사가 해오름교회에서 7년간 섬긴 일을 잊지 못합니다. 착한 양심과 거짓 없는 믿음으로 맡은 일에 힘을 다해 충성했기 때문입니다. 그 후 하나님께서 안산빛나교회를 개척하게 하셨고 부흥하게 하셨습니다.

건실한 목회자요, 부흥사로서 오늘날 한국교회와 세계교회에 거룩한 불씨가 되고 있는 유재명 목사가 깊은 영성과 불타는 열정으로 펴낸 《포기 없는 기다림》은 선민으로 택하신 이스라엘 백성을 결코 포기하지 않으시는 하나님의 사랑을 이야기하고 있습니다.

하나님께서 〈호세아서〉를 통해 보여주신 죄인 사랑의 열정을 은혜롭게 엮은 이 책은 인생의 참된 의미와 가치, 그리고 삶의 목적을 상실한 채 엔진이 꺼져 표류하는 배와 같은 사람들을 행복의 길, 승리의 길, 영생의 길로 안내할 것입니다.

이 책을 읽는 자마다 위로와 소망, 치유와 회복이 있을 것입니다. 새 힘과 용기도 얻을 것입니다. 경제 한파로 어두워지고 상처 난 심령들을 어루만지며 치유하시는 하나님의 따뜻한 손길을 경험하게 될 것입니다. 목회자와 신학생, 그리고 모든 성도에게 필요한 책이라고 생각하여 추천합니다. 이 책을 통해 더 많은 영혼이 주님 앞에 바로 서며, 주님께 돌아오는 역사가 있길 바랍니다.

해오름교회 담임목사 최낙중

회개와 순종으로
새 언약을 회복하라

우리 시대의 존경받는 목회자 유재명 목사님이 한국교회의 현
실을 진단하고 그 적극적인 처방을 제시하는 데 시의적절한 〈호
세아서〉 설교를 《포기 없는 기다림》이란 제목으로 출간하게 되
었습니다.

성경이 구약(옛 언약)과 신약(새 언약)으로 구성되어 있기에,
'언약'이 성경 전체 이야기의 중심임을 알 수 있습니다. 언약은
삼위일체 하나님과 '특별한 관계'를 맺는 것입니다. 구약에 나
오는 이스라엘 백성이 하나님의 옛 언약의 백성이었다면, 신약
에 나오는 '주 예수님의 피로 값 주고 사신 교회'(행 20:28)는 새
언약의 백성입니다.

하나님과 그분의 백성과의 언약관계를 보여주는 여러 가지

이미지가 있지만, 그중에서 가장 뛰어난 관계가 바로 남편과 아내, 즉 부부간 사랑의 관계입니다. 그리고 그 관계에 대한 가장 감동적이며 풍부한 메시지를 담고 있는 책이 바로 〈호세아서〉입니다.

호세아는 하나님의 명령으로 음란한 고멜과 결혼하여 2남 1녀를 낳았지만, 그녀는 다른 남자와 연애하여 남편을 버리고 창녀가 됩니다. 그 아내를 다시 값을 주고 데려오라는 하나님의 명령에 순종하는 호세아를 통해, 모세율법의 조건적 언약을 깨고 우상숭배와 도덕적 타락으로 창녀가 된 이스라엘과 공의와 정의, 긍휼히 여김으로 새롭게 정혼하시는 하나님의 사랑을 알 수 있습니다.

바로 이 무조건적 사랑의 언약이 주 예수님의 보혈로 성취된 새 언약이요, 이 새 언약의 실체가 남편 된 주 예수님과 아내 된 교회의 신비한 연합인 것입니다.

교회가 타락하고 세속화될 때는 하나님께서 징계를 통해 교회를 향한 사랑을 드러내시고, 교회는 회개와 순종을 통해 그 사랑을 회복하게 되는 새 언약의 영원성은 바로 우리 조국의 현대사의 숱한 사건들에서도 너무나 생생하게 목도할 수 있습니다.

유재명 목사님은 이 책에서, 호세아의 음란한 아내 고멜을 타락한 이스라엘에 빗대어 심판을 선포하신 하나님을 보여주고 있습니다. 나아가 우리가 살고 있는 현재에도 여전히 심판을 외치시지만 결국은 회개와 회복의 메시지를 주심으로 인간을 끝까지 사랑하신다는 하나님의 마음을 강조하고 있습니다.

또한 가나안 종교에 휩쓸려 여호와에 대한 신앙을 혼합시키고 타락시킨 이스라엘의 잘못을 세세하게 설명함으로 우리 시대 사람들의 혼합주의를 경계하고 있습니다. 뿐만 아니라 고멜에 대한 호세아의 사랑을 추적하여 이 시대를 사랑하시는 하나님의 마음을 표현하며, 삼위일체 하나님을 범사에 인정하는 것이 인생이 회복되고 구원받는 길임을 명시했습니다.

　우리를 결코 포기하지 않으시는 하나님의 애절한 마음을 느낄 수 있는 책이기에 적극 추천합니다.

백석대 대학원장 김진섭

하나님 말씀으로
다시 돌아가자

한국사회에서 교회의 영향력은 점점 감소되는 듯하다. 수년 전부터 교회가 거의 성장하지 않고 새로운 교회들이 개척되지 않고 있다. 이렇게 된 가장 큰 이유로, 많은 교회 지도자는 급변하는 한국사회 환경을 거론한다. 그렇지만 이런 급격한 변화는 과거에도 있었다. 농경사회에서 산업사회로 전환되던 시기에 '오직 성경, 오직 믿음, 오직 은혜'의 기치 아래 모인 당시 개혁교회 지도자들에 의해 한국사회가 개벽하였다.

그러나 그때와 비교할 때 현재 한 가지 부족한 것이 있다. 교회 강단에서 말씀에 대한 회개가 사라진 것이다. 교회마다 축복, 위로, 희망과 비전에 대한 메아리는 울리지만 '하나님 말씀으로 다시 돌아가자'는 선지자적 회개의 메시지는 잘 들리지 않는다.

하나님의 사랑은 이스라엘 민족이 국가적 위기 앞에서 회개하고 돌아설 때 주어졌던 위로와 소망의 메시지다. 이런 메시지가 잘 드러나는 성경이 〈호세아서〉이다. 이 책은 〈호세아서〉에 드러난 하나님의 심판과 회복을 함께 전하며, 회개가 사라진 강단에서 읽혀야 할 내용을 담고 있어, 위로의 메시지를 전하려는 목회자들이 꼭 읽어야 할 책이다.

힘들고 어려운 세태에서 삶을 영위하는 현대인들에게는 위로의 메시지가 필요하다. 그렇지만 이에 앞서 호세아의 지적처럼 하나님의 말씀에 기초한 회개가 촉구되어야 한다. 그런 연후에 하나님의 소망과 위로의 메시지가 전해져야 한다. 이 책을 읽으면서 〈호세아서〉에 기술된 여호와 하나님의 사랑, 곧 죄 많은 백성들을 향한 그분의 사랑의 깊이에 흠뻑 빠져보기를 권한다.

전 총신대 총장, 현 백석대 대학원 학사 부총장 김의원

말씀의 통로로
쓰임받자

오늘날 우리는 말은 많으나 말씀이 고갈된 시대에 살고 있습니다. 그래서 성경에도 "말을 하려면 하나님의 말씀을 하는 것같이"라고 하였습니다.

성경은 인간이 하나님에 대하여 연구한 서적이 아니라 하나님이 말씀하시고 성령에 감동받은 분들이 그 말씀을 받아 기록한 것이기에 귀중한 책입니다. 그래서 우리의 몸은 말씀의 통로로 쓰임받을 때 하나님께 영광을 돌릴 수 있습니다.

내가 만난 유재명 목사님은 영성이 풍부하고, 재덕이 겸전하고, 진실하며, 기도도 많이 하고, 성도를 자신의 몸보다 더 사랑하는 성령 충만한 목사님입니다. 또한 말씀 중심, 그리스도 중심으로 목회하여 말씀의 통로, 그리스도의 통로가 되는 분입니다.

요즘같이 사랑이 식어가는 말세의 때에 많은 선지자 중 사랑의 예언자인 호세아의 메시지를 영안으로 찾아내어 들려주는 좋은 책이 나오게 된 것은 하나님의 큰 은혜입니다.

이 책을 읽는 분마다 주의 음성을 듣고, 호세아가 나타내려 했던 하나님의 사랑을 느낄 수 있기를 소망하며 기쁨으로 이 책을 추천합니다.

백석신학 학장 정인찬

차례

여호와께서 처음 호세아에게 말씀하실 때
여호와께서 호세아에게 이르시되
너는 가서 음란한 여자를 맞이하여 음란한 자식들을 낳으라
이 나라가 여호와를 떠나 크게 음란함이니라 하시니

호 1:2

01

측량할 수 없는
하나님의 마음

이스라엘 역사상 가장 번성했던 때는 여로보암 2세가 통치했던 시기입니다. 이때는 나라가 부강하여 다윗시대 이후 처음으로 다른 나라들이 이스라엘을 두려워했고, 경제적으로도 풍족하여 백성들이 최고의 부요함을 누렸습니다. 그러나 그러한 부요함은 그들을 돌이킬 수 없는 타락의 길로 들어서게 했습니다. 그들은 '더 잘살아야 한다. 더 누려야 한다. 더 화려해야 한다. 더 즐겨야 한다'라는 욕심에 매여 점점 하나님에게서 멀어지며 타락의 길에 접어들게 됩니다.

나라가 부강하고 물질적으로 번영하면 사람들의 삶의 수준도 높아질 것 같지만 역사를 살펴보면 놀랍게도 그런 적은 한 번도 없었습니다. 안타깝게도 사람들이 갈망하는 물질의 풍요와 번영은 언제나 영적, 도덕적 타락으로 이어졌습니다.

이해할 수 없는 명령

타락한 이스라엘에 대해 오래 참으시고 침묵하시던 하나님께서 여러 선지자들 중 특별히 호세아를 택하여 이렇게 말씀하셨습니다.

> 너는 가서 음란한 여자를 맞이하여 음란한 자식들을 낳으라 이 나라가 여호와를 떠나 크게 음란함이니라(호 1:2).

도무지 이해할 수 없는 말씀입니다. 거룩하신 하나님이 그분의 종 호세아 선지자를 음란의 소굴로 들어서게 하신 것입니다. 그렇게 하신 이유는 무엇일까요? 온 나라가 여호와를 떠나 타락했기 때문입니다.

이것은 이스라엘 백성들이 교회에 나오지 않았다는 말이 아닙니다. 하나님에 대해 이야기하지 않았다는 것도 아닙니다. 교회에 나와 예배를 드리고 하나님에 대해 이야기하지만, 그 삶 속에 하나님이 보이지 않고 세상의 쾌락과 욕심, 부귀영화에 매여 있는 그들의 삶을 보고 말하는 것입니다.

당시 이스라엘은 여로보암 2세의 통치하에 엄청난 번영을 누렸습니다. 그래서 그 마음에 하나님 두기를 싫어했고 바알과 아세라에게 마음을 빼앗겨 영적, 도덕적으로 타락에 빠졌으니 하나님이 보시기에 얼마나 안타까우셨을까요? 이스라엘 백성들은 곧 하나님을 떠나게 한 경제적 여유가 축복이 아닌 저주였음을 알게 됩니다.

그렇다 해도 호세아를 향한 하나님의 명령에는 의문이 생기지 않습니까? "하나님, 얼마든지 다른 방법도 있잖아요. 왜 이렇게 해야 하죠?"라고 묻고 싶지 않습니까? 왜 하나님께서 호세아에게 음란한 여인을 맞이하여 음란한 자식들을 낳으라고 하셨을까요? 하나님을 수없이 배반한 이스라엘이 음란한 여인과 같다는 것입니다.

그럼에도 이스라엘을 사랑할 수밖에 없는 하나님은 그들이 돌아오기를 기다리며 호세아의 삶을 통해 그분의 마음을 전하고 싶으셨던 것입니다.

하지만 그 당시에 호세아가 그런 사실을 알 수 있었을까요? 하나님은 늘 그러하시듯 호세아에게 이러한 내용을 설명하시고 순종을 요구하신 것이 아니라 먼저 순종하게 하시고 순종의 과정 속에 그분의 뜻을 깨닫게 하셨습니다. 즉, 신앙의 원리 중 하나는 순종 없이는 하나님의 뜻을 깨달을 수 없다는 것입니다.

이해를 넘어선 순종

"누구든지 네 오른편 뺨을 치거든 왼편도 돌려 대며"(마 5:39). 우리는 이러한 하나님의 음성 앞에 "왜요?"라고 묻고 싶습니다. 하지만 지금은 이해할 수 없어도 오른편 뺨을 맞고 왼편까지 돌려 대고 나면 왜 하나님이 그런 말씀을 하셨는지 알게 됩니다. "너를 고발하여 속옷을 가지고자 하는 자에게 겉옷까지도 가지게 하며"(마 5:40)라는 말씀에도 여전히 우리는 "왜요?" 하고 싶을 것입니다. 그러나 앉아서는 하나님의 뜻을 헤아릴 수 없습니다. 이해가 되지 않지만 하나님 말씀에 순종하면 그분의 뜻을 알게 됩니다.

성경을 읽다 보면 그런 예를 얼마든지 볼 수 있습니다. 하나님은 아브라함을 향해 "아브라함아, 네 사랑하는 아들 이삭을 제물로 바치라"고 말씀하셨습니다. 이것 역시 우리의 생각으로는 이해되지 않지만, 하나님의 요구 앞에 이삭을 제물로 드리려 하지 않았다면 아브라함은 여호와 이레의 하나님을 만날 수 없었을 것입니다.

기적에 있어서도 마찬가지입니다. 하나님은 요단 강을 향해 걸어 들어가라 하십니다. 물론 "이렇게 걸어가면 강이 갈라질 것이다"라는 설명은 없습니다. 마찬가지로 "실로암에 가서 씻어라" 하고 말씀하십니다. 역시 가서 씻으면 나을 것이라는 말씀은 없습니다. 사람들이 하나님의 말씀에 순종하지 않았다면 요단 강이 갈라지는 기적도, 맹인이 눈을 뜨는 기적도 일어나지 않았을 것입니다.

하나님께서는 언제나 "네가 기도하면 이렇게 해줄게"라고 설명하시지 않습니다. 그저 기도의 감동을 주십니다. "용서해라. 용서하면 내가 너를 축복할게" 같은 설명은 없습니다. 미워만 해도 될 것 같습니다. 미워해도 명분은 충분합니다. 그러나 하나님은 용서하라고 말씀하십니다. 이때 우리는 "왜요?" 하고 항변

합니다. 그러나 용서할 수 없는 사람을 용서해보지 않고는 하나님의 마음을 품을 수 없습니다.

그러면 호세아의 순종을 한번 살펴봅시다. 호세아를 향한 하나님의 명령은 무엇이었습니까? "너는 가서 음란한 여자를 맞이하여 음란한 자식들을 낳으라." 만약에 하나님께서 내게 이런 명령을 하셨다면 나는 어떻게 했을까 생각해봤습니다. 아무리 생각해봐도 순종하기 쉽지 않은 일입니다.

놀라운 것은 이런 이해할 수 없는 하나님의 요구 앞에 호세아는 "왜요?"라고 묻지 않고 그대로 "아멘" 했다는 것입니다. 그렇다면 이때 호세아의 마음은 어땠을까요? "아멘, 할렐루야! 감사합니다" 하는 마음이었을까요? 성경에는 특별히 호세아의 마음이 표현되어 있지 않지만 그의 마음속에 갈등이 전혀 없지는 않았을 것입니다.

호세아는 이사야 선지자와 동시대 사람입니다. 그런데 이사야는 왕궁을 들락날락하며 복음을 외치는 사역자가 되었다면, 호세아는 사역을 그만두고 음란한 여인과 결혼하여 음란한 자식들을 낳아야 했습니다. 그러면 당연히 "하나님, 저는 왜요?"라고 묻고 싶지 않았을까요?

언젠가 사랑하는 남편을 갑작스럽게 하늘나라로 보낸 집사님이 저에게 이렇게 물었습니다.

"목사님, 왜 하나님이 우리 남편을 데려가셨죠? 왜요?" 이 질문을 5년 동안 했습니다. "제가 뭐 잘못한 것 있나요? 우리 남편이 뭐 잘못한 것 있나요? 왜 하나님이 데려가셨을까요?"

그렇게 6년쯤 지난 어느 날 이렇게 이야기합니다. "목사님, 더는 묻지 않을래요. 이제 묻지 않을래요."

함께 예수를 믿는데 한 사람은 생활이 넉넉하고 한 사람은 어렵게 산다면 그 이유를 묻고 싶지 않겠습니까? 마찬가지로 호세아에게도 고통이 있었을 것입니다. 만약 그것이 단기간의 고난이었다면 엉겁결에 감당할 수 있었을 것입니다. 그러나 호세아는 아이가 셋이었습니다. 상상해보십시오. 아이 셋을 낳을 그 긴 시간 동안 하나님 앞에 순종한다는 것은 쉽지 않았을 것입니다.

〈호세아서〉 3장을 읽다 보면 호세아의 아내 고멜은 아이 셋을 낳고 또 바람이 나서 창녀촌으로 갑니다. 이때 하나님께서는 그녀를 다시 데려오라고 말씀하십니다. 이런 시간들 속에서 호세아의 마음에도 당연히 갈등이 있었을 것입니다. 아마 가족들도 호세아를 이해해주지 않았을 것입니다. 훌륭한 목사 되라고 신학교에 보냈더니 어느 날 음란한 여인과 결혼하여 자식까지 낳았다면, 부모가 결혼식에 왔겠습니까? 그 자식들을 손자라고 안아주기나 했겠습니까? 하나님의 마음도, 호세아의 마음도 헤아리지 못한 주변 사람들은 또 뭐라고 했겠습니까? "호세아 선지자, 거룩한 척은 혼자 다 하더니 저것 봐"라며 손가락질하지 않았을까요?

사람들의 입방아에 오르내리기 시작하면 살아남을 사람 아무도 없습니다. 이때 호세아가 "여러분, 제가 이렇게 할 수밖에 없었던 것은 하나님의 명령에 순종하기 위해서였습니다"라고 변명하면 가족들과 이웃들이 "아, 그래요? 선지자님 정말 대단하십니다"라고 말하며 존경의 눈빛을 보냈을까요? 아닙니다.

결혼생활도 쉽지 않았을 것입니다. 서로 다른 환경에서 살아온 호세아와 고멜은 아마 좋아하는 것도 달랐을 것입니다. 삶의 스타일이나 가치관도 달랐을 것입니다. 대화는 가능했을까요? 아마 어려웠을 것입니다.

호세아는 많이 울고 많이 아파했을 것입니다. 사실 순종은 그리 쉬운 일이 아닙니다. 호세아가 선지자라서 하나님의 음성 앞에 그저 감사와 감격만 느낀 것은 아닐 것입니다. 그래도 그 길을 가야만 했다는 것입니다.

회복을 선포하시는 하나님

호세아는 세 명의 자녀를 낳았습니다. 첫째는 아들로, 이름이 이스르엘입니다. 이 이름은 "하나님이 흩어놓으신다"는 뜻을 담고 있습니다. 하나님이 이스라엘을 흩어버리시겠다는 선언입니다. 둘째는 딸로, 로루하마입니다. 히브리어에서 '로'는 부정의 뜻입니다. '루하마'가 긍휼의 뜻을 가지고 있다면 '로루하마'는 하나님이 이스라엘을 긍휼히 여기지 않으신다는 의미입니다. 하나님의 마음에서 이스라엘을 지워버리시겠다는 것입니다. 셋째는 아들로, 로암미입니다. '암미'는 '내 백성'이라는 뜻이므로 '로암미'는 '내 백성이 아니다'라는 뜻입니다.

안타깝게도 이스라엘 백성들이 이렇게 버림받은 것은 하나님이 아니어도 된다는 철저한 교만 때문이었습니다. '너희가 나를 버렸어? 너희는 내 백성이 아니야! 난 너희랑 관계없어'라는 하나님의 생각이 호세아의 삶을 통해 선포되고 있습니다. 이제 이스라엘과 하나님의 관계는 끝난 것처럼 보입니다. 그런데 이

모진 심판이 선포되는 가운데도 우리는 숨길 수 없는 하나님의
마음을 엿볼 수 있습니다. 다음 말씀을 보십시오.

> 그러나 내가 유다 족속을 긍휼히 여겨 그들의 하나님 여호와로
> 구원하겠고 활과 칼이나 전쟁이나 말과 마병으로 구원하지 아
> 니하리라 하시니라(호 1:7).

 심판을 선포하시면서도 다시 그들을 구원하시겠다는 하나님
의 마음을 알 수 있습니다. 그들을 불쌍히 여기시고 긍휼히 여기
시겠다는 것입니다. 심판의 말씀을 하시다가 그새 마음이 급해
서 이스라엘 백성을 향한 용서의 마음을 전하십니다. 하나님의
구원의 방법은 활이나 칼이나 말이나 마병이 아니라 오직 "여호
와로"입니다. 온 백성이 불러야 하는 이름, '여호와'입니다. 하나
님만이 방법인 줄 믿으시기 바랍니다. 여호와 하나님의 회복의
선포를 보십시오.

> 너희 형제에게는 암미라 하고 너희 자매에게는 루하마라 하라
> (호 2:1).

하나님께서 부정적 의미를 지닌 '로'라는 말을 떼어버리십니다. 그러면서 "너희는 내 백성이야"라고 말씀하십니다. 긍휼히 여기지 않을 것이라고 선포하셨는데 이제는 긍휼히 여기시겠다고 말씀하십니다. 이 회복은 영적 회복입니다. 예수 그리스도를 통한 회복으로, 하나님께서는 호세아를 통해 영원의 회복을 작정하신 것입니다.

하나님은 우리에게 붙어 있는 모든 부정과 저주를 떼어낼 수 있는 분임을 믿으십시오. 이 모든 하나님의 사랑은 호세아의 몸과 삶을 통해 나타내셨습니다. 우리가 아무리 힘들어도 호세아 앞에서는 할 말이 없다는 생각이 들지 않습니까?

이해할 수 없더라도 놓지 마라

호세아의 순종을 통해 예수님의 사랑, 나를 향한 예수님의 자기 죽음의 사랑을 보게 됩니다. 하나님은 오늘도 저와 여러분을 통해 그 사랑을 표현하십니다. 이해할 수 없는 순종을 통해서 말입니다. 어쩌면 하나님은 호세아에게 하셨던 방법대로 우리가 미워하는 사람, 우리를 힘들게 하는 사람에게 사랑과 용서로 다가

가기를 바라실 것입니다. 이 사랑은 자기 죽음으로 인한 사랑으로, 우리도 호세아처럼 오랜 기간 자신을 죽이며 하나님 말씀에 순종해야 합니다.

호세아를 통해 말씀하셨던 하나님은 이제 우리를 통해 말씀하십니다. 그래서 하나님은 다윗에게 사울을 붙이셨듯이, 욥에게 이해할 수 없는 환경을 주셨듯이, 우리에게도 마음에 들지 않는 사람도 만나게 하시고 이해할 수 없는 환경도 만나게 하십니다. 그럴 때 가끔은 "하나님, 왜요?"라고 묻고 싶을 것입니다. 그러면 하나님은 "내가 너를 통해 내 마음을 표현하고 싶다"라고 말씀하실 것입니다. 여러분도 호세아처럼 아무 말 없이 순종할 수 있습니까?

호세아가 하나님의 사랑을 몸으로, 삶으로 품을 수 있었던 이유는 하나님을 놓지 않았기 때문입니다. 〈호세아서〉를 읽다 보면 그는 하나님과의 교제의 끈을 절대 놓지 않았습니다. 끊임없이 들려오는 세미한 하나님의 음성에 귀 기울인 것입니다. 때로는 좋아서 하나님을 놓지 않았다기보다는 하나님을 놓고서는 살 수 없어 몸부림치면서 하나님을 부여잡았습니다.

호세아가 이해할 수 없는 하나님의 요구 앞에 "아멘" 하며 순종할 수 있었던 것은 자신의 삶을 하나님의 평가와 성경의 평가에 맡겼기 때문입니다. 자신의 평가와 세상의 평가에 휩싸여 허우적거리지 않았다는 것입니다.

그리스도인은 세상이 뭐라고 하는지가 아니라 하나님이 어떻게 말씀하시는지가 중요한 사람들입니다. 호세아는 자기 내면의 갈등 속에서 승리했습니다. 여러분이 넘어야 할 고비는 무엇입니까? 여러분도 영적 전쟁에서 큰 고비를 넘는 승리를 누리시길 소원합니다.

호세아는 물론 선지자로서 이사야처럼 큰일을 하는 것도 중요하다고 생각했지만 순종을 더 큰 가치로 여겼습니다. 요즘도 인간적인 욕심으로 큰 교회에서 큰일 행하려는 사람들이 얼마나 많은지 모릅니다. 예수님의 오른편, 왼편에 앉겠다고 목소리 높이는 사람들이 얼마나 많은지 모릅니다.

그러나 하나님의 일은 하나님이 하십니다. 인간의 욕심, 인간의 힘으로는 할 수 없습니다. 인간이 하나님의 일을 따로 만들고 꾸밀 필요는 없습니다.

인간에게 있어 가장 중요한 것은 순종이며, 순종이 곧 능력입니다. 하나님이 사랑하라 하시면 사랑하고 용서하라 하시면 용서해야 합니다.

하나님께서 여러분을 누구에게, 어떤 환경 속으로 보내셨습니까? 호세아를 통해 말씀하기를 원하셨던 그 하나님은 어쩌면 우리를 통해서도 끊임없이 오늘의 환경 속에서, 관계 속에서 하나님이 표현될 수 있기를 원하실 것입니다.

하나님 마음 이해하기

1. 당신은 무엇을 최고의 가치로 여기며 살고 있나요?

2. 하나님은 왜 호세아에게 음란한 여자를 맞이하여 음란한 자식을 낳으라고 하셨을까요?

3. 당신은 무슨 일 앞에서 하나님께 무조건 순종하는 사람인가요, "왜요?"라고 질문부터 하는 사람인가요?

4. 하나님이 우리에게 원하시는 것이 무조건 높은 자리, 돈 잘 버는 자리에 서는 것일까요?

5. 하나님은 우리가 미워하는 사람에게 어떻게 다가가기를 원하실까요?

∽ 오늘을 위한 기도 ∽

거룩하신 하나님, 이해할 수 없는 하나님의 요구 앞에서 무조건적으로 순종한 호세아를 보았습니다. 우리 삶 속에서도 때로는 왜냐고 묻고 싶을 때가 많지만 '지금 내가 처한 환경 속에서, 지금 내가 맺고 있는 관계 속에서 하나님이 나를 통해 무엇을 말씀하고 싶으실까?' 생각해볼 수 있게 하시옵소서. 그리고 기도 가운데 하나님 음성을 들을 수 있게 하시옵소서.

내가 나를 위하여 그를 이 땅에 심고
긍휼히 여김을 받지 못하였던 자를 긍휼히 여기며
내 백성 아니었던 자에게 향하여 이르기를 너는 내 백성이라 하리니
그들은 이르기를 주는 내 하나님이시라 하리라 하시니라

호 2:23

02

내가
나를 위하여

미국에서는 2009년을 역사적 해로 맞았습니다. 최초의 흑인 대통령이 탄생했기 때문입니다. 오바마 대통령이 미국 44대 대통령으로 취임하면서 40여 년 전에 암살되었던 마틴 루터 킹 목사의 〈I have a dream〉이라는 연설이 재조명되고 있습니다.

(…) 나에게는 꿈이 있습니다. 언젠가 이 나라가 "우리는 모든 인간이 평등하게 창조되었다는 사실을 분명하게 받든다"는 신념의 참뜻을 실행하게 될 날이 오리라는 꿈입니다. 나에게는 꿈이 있습

니다. 언젠가 조지아 주의 붉은 언덕 위에서 예전에 노예였던 부모의 자식과 그 노예의 주인이었던 부모의 자식들이 형제처럼 식탁에 함께 둘러앉는 날이 오리라는 꿈입니다. 나에게는 꿈이 있습니다. 언젠가 불의와 억압의 열기에 신음하던 저 황폐한 미시시피 주조차 자유와 정의의 오아시스로 변할 것이라는 꿈입니다. 나에게는 꿈이 있습니다. 나의 네 자녀들이 피부색이 아니라 개성에 의해 판단되는 나라에 살게 되는 날이 오리라는 꿈입니다. 나에게는 꿈이 있습니다. 주지사가 늘 연방정부의 간섭 배제와 연방법 실시 거부라는 말만 하는 앨라배마 주가 변하여, 언젠가 흑인 소년소녀들이 백인 소년소녀들과 손을 잡고 형제자매처럼 함께 걸어갈 수 있는 상황이 되리라는 꿈입니다. 나에게는 꿈이 있습니다. 언젠가 모든 골짜기가 솟아오르고 모든 언덕과 산이 낮아지며 거친 곳이 평지가 되고 굽은 땅들이 곧게 되며 주의 영광이 드러나 모든 사람이 함께 그것을 보게 되리라는 꿈입니다. (⋯)

여러분에게는 꿈이 있습니까? 꿈이 있다면 어떤 꿈입니까? 우리는 〈호세아서〉 2장에서 하나님의 꿈을 보게 됩니다. 하나님의 꿈에는 이스라엘이, 그리고 저와 여러분이 포함되어 있습니다. 놀랍게도 그분의 꿈 중심에 우리가 자리 잡고 있습니다. 우리가 어떤 모습이든, 능력이 있든 없든 상관없습니다. 여러분의 꿈에는 하나님이 포함되어 있습니까?

무엇에 마음을 빼앗겼는가

〈호세아서〉 2장은 요란하게 시작됩니다. 호세아의 아내였던 고멜이 타락하여 다른 남자를 따라간 후 호세아가 탄식하는 장면으로 시작되기 때문입니다. 호세아는 이렇게 외쳤습니다. "너희 어머니와 논쟁하고 논쟁하라"(호 2:2). 이 외침은 호세아가 그 자녀들에게 하는 말입니다. 다투어서라도 그녀를 돌아오게 하고 바로 잡아야 되지 않겠느냐는 외침입니다.

바알이라는 남자와 연애하여 음행에 빠져 있는 어미의 이야기는 곧 이스라엘의 타락 이야기입니다. 하나님을 떠난 이스라엘을 향하여 하나님은 호세아의 삶과 호세아의 몸을 통해 그분의 마음을 쏟아붓고 있습니다. 성경에서는 이스라엘의 타락을 음행으로 표현하고 있는데, 이스라엘이 이처럼 타락한 원인은 무엇입니까?

그들의 어머니는 음행하였고 그들을 임신했던 자는 부끄러운
일을 행하였나니 이는 그가 이르기를 나는 나를 사랑하는 자들
을 따르리니 그들이 내 떡과 내 물과 내 양털과 내 삼과 내 기름
과 내 술들을 내게 준다 하였음이라(호 2:5).

이스라엘이, 고멜이 사랑하는 자에게 속아 마음을 빼앗겨버
린 것입니다. 자신이 좋아하는 것, 원하는 것을 사랑하는 자가
다 줄 것이라고 생각하며 마음을 빼앗긴 것입니다. 이스라엘 백
성의 마음을 도적질했던 바알은 풍요의 신입니다. 오늘을 살아
가는 사람들이나 과거의 사람들이나 한결같이 풍요롭기만 하
면 아무 문제가 없을 것이라고 생각합니다. 그래서 하나님을 가
슴에 품었다고 말하면서도 사실은 풍요에 마음을 두었기에 예
배드릴 때는 하나님을 찾는 것 같아도 삶 속에서는 바알에게 마
음을 뺏긴 채 살아갑니다.

이스라엘 백성이 바알을 통해 얻을 수 있으리라고 생각한 것
이 무엇입니까? "그들이 내 떡과 내 물과 내 양털과 내 삼과 내
기름과 내 술들을 내게 준다 하였음이라"(호 2:5).

오늘날 우리도 마찬가지입니다. 더 많은 것, 더 좋은 것을 갖

는 데 온통 관심을 두며 풍요를 삶의 목적으로 삼습니다. 인간의 욕심은 끝이 없습니다. 전부 내 것이 되어야 합니다. 양 100마리 중에 99마리를 가지고 있어도 나머지 1마리마저 내 것으로 삼아야 만족합니다. 우선 먹고 마시고 입을 것이 있고, 사실은 조금도 부족함이 없지만 내 것이 되지 못한 것 때문에 스스로 불행하다고 생각합니다.

여러분의 꿈은 무엇입니까? 여러분이 열심히 사는 이유가 무엇입니까? 내 것 아닌 것을 내 것으로 삼으려고 새벽부터 밤늦게까지 몸부림치는 것 아닙니까? 세상은 이것이 정당하다고 말하지만 성경에서는 하나님의 백성이 여기에만 마음을 빼앗긴 것에 대하여 음행이라 표현합니다.

세상을 따를 때 깨닫게 되는 것

모든 것을 내 것으로 삼으려고 열심히 살다 보면 어느 순간 이렇게 느낍니다. '내 것이 내 것이 아니구나. 아니, 내 것도 별것 아니구나.' 생각해보면 내 것이 뭐가 그리 많이 있습니까? 사실 내 마음대로 할 수 있어야 내 것인데 정작 내 마음대로 할 수 있는 것이 얼마나 있습니까? 내 몸조차 내 마음대로 되지 않습니다.

이스라엘이 세상 모든 것을 내 것 삼으려고 바알에게 미쳤다가 시간이 지나 세상과 바알을 좇은 자신의 모습을 뒤돌아보니 어땠습니까? 다음 말씀을 읽어봅시다.

> 그가 그 사랑하는 자를 따라갈지라도 미치지 못하며 그들을 찾을지라도 만나지 못할 것이라 그제야 그가 이르기를 내가 본 남편에게로 돌아가리니 그때의 내 형편이 지금보다 나았음이라 하리라(호 2:7).

"그가 그 사랑하는 자를 따라갈지라도 미치지 못하며." 아무리 달려가 보아도 내가 이루고자 하는 행복, 욕심에 미칠 수가 없다는 것입니다. 우리는 살아가면서 '조금만 빨리 왔으면, 조금만 빨리 깨달았으면…' 하고 후회합니다. 하지만 인간의 욕심을 만족시켜줄 수 있는 것이 있을까요? 없습니다.

"그들을 찾을지라도 만나지 못할 것이라." 왜일까요? 바알은 허상이기 때문입니다. 세상은 우리에게 금방 행복과 만족을 줄 것 같지만 사실은 우리의 영육을 황폐하게 만들 뿐입니다. 그래서 하나님을 등지고 바알을, 세상을 따라간 사람들은 탕자처럼 모든 것을 상실한 채 돌아오게 됩니다. 그 어리석은 자의 깨달음이 무엇입니까? "그제야 그가 이르기를 내가 본 남편에게로 돌아가리니." 자신이 원하는 것을 좇아 하나님을 등졌지만 결국은 하나님의 그늘을 그리워하며 돌아올 수밖에 없다는 것입니다.

하나님을 떠난 사람들을 보며 하나님이 다음과 같이 탄식하십니다.

> 곡식과 새 포도주와 기름은 내가 그에게 준 것이요 그들이 바알을 위하여 쓴 은과 금도 내가 그에게 더하여 준 것이거늘 그가 알지 못하도다(호 2:8).

"바알이 너희에게 무엇을 줄 수 있느냐? 세상이 너희에게 무엇을 줄 수 있느냐? 내가 창조주요 공급자인데 왜 너희는 나를 바라지 않느냐?" 하고 탄식하십니다. 모든 것이 하나님으로부터 온 것인데 여전히 세상에 마음을 두고 있는 사람들을 향하여 안타까워하시고 슬퍼하시는 하나님의 마음을 들여다보십시오. 그렇다면 세상을 좇아간 이들의 모습은 어떠합니까?

그가 귀고리와 패물로 장식하고 그가 사랑하는 자를 따라가서 나를 잊어버리고 향을 살라 바알들을 섬긴 시일대로 내가 그에게 벌을 주리라 여호와의 말씀이니라(호 2:13).

귀걸이와 패물로 장식하고 사랑하는 자를 따라가는 사람들을 보십시오. '어찌하면 세상을 얻을 수 있을까?' 세상에 멋져 보이고 싶어서 세상이 기대하는 대로 자신을 꾸미는 것입니다. 하나님 앞에서가 아닌 세상 앞에서 아름다워 보이도록 날마다 자신을 장식하는 데 미쳐 있습니다.

여러분, 절대 속지 마십시오. 하나님을 등진 채 무엇인가 금방 이룰 수 있고 잡을 수 있을 것 같아 달려가 보지만, 어느 순간 머리는 희고 허리는 굽고 자식이 대들어도 아무 말 못하는 늙은 자신을 거울 앞에서 발견하게 될 것입니다. 힘 있을 때 하나님을 찾읍시다. 힘 있을 때 하나님께로 돌아가서 하나님이 전부라고 외쳐봅시다.

오늘도 세상에 잘 보이려고 자신을 장식하며 온갖 것을 쏟고 있지는 않은지 살펴보십시오. 하늘이 무너지고 땅이 꺼져도 세상이 아니라 오직 하나님을 바라봐야 합니다. 억지로 장식할 필요 없습니다. 하나님 앞에 올 때는 무엇인가를 가지고 와야 한다고 생각하지 마십시오. 탕자처럼 모든 것을 잃었어도 그냥 마음만 가지고 하나님 아버지 앞에 나아가면 하나님은 우리를 따뜻하게 안아주실 것입니다.

나를 포기하지 않으시는 하나님

세상은 우리를 속입니다. 사람들이 잘되는 것은 바알의 덕이라 하고, 어려운 일을 만나면 하나님을 탓합니다. 하나님의 탄식을 깨닫지 못합니다. 이 안타까움 속에서 하나님은 꿈을 꾸기 시작하십니다. 하나님의 본질은 사랑과 용서입니다. 하나님은 신부인 이스라엘을 포기하실 수 없습니다. 이스라엘이 바람이 나고 열 번, 스무 번 망가져도 하나님은 그들을 포기하지 않으십니다. 나는 하나님을 포기해도 하나님은 나를 포기하지 않으십니다.

이스라엘의 상징인 고멜은 여전히 바람이 나서 돌아오지 않고 있습니다. 그런 이스라엘을 하나님은 애달프게 기다리고 계십니다. 어리석은 이스라엘은 몰라도 반드시 그들이 돌아올 수밖에 없다는 사실을 하나님은 아십니다. 이스라엘은 반드시 돌아와 하나님을 찾게 될 것입니다. 하나님은 돌아올 고멜, 이스라엘을 생각하시며 그의 옷과 신발을 준비하고 함께 거하게 될 신혼 방을 꾸미기 시작하십니다. 이것이 회복케 하심의 언약입니다. '돌아오기만 해라, 돌아오기만 해라.'

여러분은 사랑하는 사람과 함께 멋진 집을 짓고, 알콩달콩 살아갈 꿈을 그려보셨습니까? 군에 간 아들의 첫 휴가를 기다리며 아들이 오기만 하면 무엇이라도 다 해주리라는 꿈을 그려보셨습니까? 아직 이스라엘은 돌아오지 않았습니다. 그러나 하나님은 스스로 약속하십니다. 그들이 돌아오는 과정을 생각하시고, 그들을 축복하십니다. 그 행복의 시작은 광야에서의 설득으로 시작됩니다. "그러므로 보라 내가 그를 타일러 거친 들로 데리고 가서 말로 위로하고"(호 2:14).

하나님을 경험하려면

하나님 말씀을 순종하다 보면 때로는 미친 놈이란 소리도 듣게 되고 바보라는 소리도 듣게 됩니다. 얼마 전 이 땅의 삶을 마무리한 김수환 추기경이 마지막으로 쓴 책 제목이《바보가 바보들에게》입니다. 예수님도 바보가 되기 위해 오셨고 바보같이 사셨습니다. 사실 예수님 사랑하고 그분 뜻 따르다 보면 스스로를 이해하지 못할 정도로 바보가 됩니다.

호세아도 하나님께서 음란한 여인과 결혼하여 음란한 자식을 낳으라고 하셨을 때 마냥 좋아서 순종한 것이 아닙니다. 참을 수 있어서 참고 하나님을 붙들 수 있어서 붙드는 것이 아니라 때로는 붙들지 않으면 안 되고 참지 않으면 안 되므로 오늘도 눈물 흘리며 참고, 하나님께서 결국 축복해주실 줄 믿는 것입니다. 언제나 하나님은 말씀으로 우리에게 다가오십니다. 인격을 무시한 채 물리적인 방법으로 우리를 하나님 앞에 세우시는 것이 아니라 끊임없이 말씀으로 위로하십니다.

하나님이 광야에서 이스라엘을 설득하셨음을 기억하십시오. 삶의 거친 들은 하나님을 찾고 구하게 하는 장소입니다. 여러분의 삶의 현장이 거친 들 같습니까? 광야 같습니까? 마음에 들지 않습니까? 거친 들, 광야, 마음에 들지 않는 삶의 현장 속에서 원망하고 불평하며 마지못해 삶을 연명하는 것이 아니라 그 거친 들에서 하나님을 경험합시다. 하나님을 구합시다. 여러분의 광야는 하나님을 만나는 장소가 될 것입니다.

언젠가 우리도 남보다 더 울어봤기에 더 큰 하나님을 만나고 남보다 더 많이 아파봤기에 더욱 선명한 하나님을 만날 수 있었노라 고백할 수 있을 것입니다. 지나고 보면 광야도 광야가 아니었음을, 아픔도 아픔이 아니었음을, 손해도 손해가 아니었음을 알게 될 것입니다.

하나님께서 이스라엘 백성을 돌아오게 하여 신혼 방을 꾸미며 준비하신 선물을 보십시오.

거기서 비로소 그의 포도원을 그에게 주고 아골 골짜기로 소망의 문을 삼아 주리니 그가 거기서 응대하기를 어렸을 때와 애굽 땅에서 올라오던 날과 같이 하리라(호 2:15).

"거기서 비로소"라는 말씀에 주목하십시오. 돌아올 백성에게 선물을 주고 싶어 흥분하시는 하나님이 어디에서 그들에게 선물을 주셨습니까? "거기서" 즉, 거친 들에서 주셨습니다. 장소를 이동하지 않았습니다. 환경을 바꾸시지 않았습니다. 하나님을 향하기만 하면, 하나님께 돌아오기만 하면 그곳이 어디든 가나안이 되게 하시는 그분을 믿으시기 바랍니다. 환경을 바꾸려고 하지 말고 마음을 바꾸십시오.

"비로소 그의 포도원을 그에게 주고"(호 2:15). 놀랍지 않습니까? 백성들이 돌아오면 하나님이 주고 싶은 선물, 축복을 새롭게 주시는 것이 아니라 원래 그들의 소유였던 것을 주신다는 것입니다. 원래 하나님이 주시려고 하셨던 것을 주신다고 하십니다. 다시 말해, 우리가 그분께 돌아가기만 하면 하나님은 새로운 선물이 아니라 이미 예비된 축복을 주십니다. 하나님은 남의 축복을 빼앗아서 주실 정도로 빈궁하시지 않습니다. 그분은 우리를 하나님의 백성 삼으실 때 이미 우리를 위한 꿈을 꾸셨습니다.

여러분의 마음이 성령님으로 점령당하고 예수 그리스도의 보혈로 붉게 물드는 축복이 있기를 바랍니다. 그래서 광야를 지난 후 누리게 될 영광스러운 날들을 바라보며 살 수 있기를 소망합니다.

나를 향한 하나님의 기대

교회를 개척하고 몇 년이 지난 어느 날, 아내가 외출한 사이 무엇인가 찾다가 장롱에서 깜짝 놀랄 것을 발견했습니다. 제가 모르는 통장이 세 개가 있었습니다. 심장이 뛰었습니다. '아내가 다른 주머니를 찬 건가?' 그리고 넘겨보았더니 통장 이름이 '차세대 자녀 주택부금'입니다. 아이들이 시집가고 장가갈 때가 되면 아파트 하나 분양받아 줄까 하고 한 달에 만 원씩 아이들 이름으로 넣은 지 여덟 달 정도 된 것 같습니다. 그것을 보면서 웃었습니다.

돌아온 아내에게 "여보, 나 통장 봤어!" 하고 말했습니다. "보셨어요?" "그거 왜?" "그냥 아이들 걱정돼서요. 나중에 집 하나씩 사주려고요." "그래? 한 달에 만 원씩 1년 넣으면 얼마 돼?" "12만 원이요." "10년 넣으면?" "120만 원이요." "20년 넣으면?" "240만 원이요." "아파트 한 평에 천만 원이던데 가능할까?" 했더니 아내는 잠깐 생각하다가 그다음 주에 다 털어서 헌금하며 "하나님, 우리 아이들을 하나님 앞에 맡깁니다"라고 기도했습니다.

부모라면 자식의 미래를 그려보지 않겠습니까? 주고 싶은 것이 많지 않겠습니까? 가진 것만 많다면 무엇이든 해주고 싶은 것이 부모 마음 아니겠습니까? 하나님께서도 이렇게 말씀하십니다. "내가 너에게 주고 싶은 것이 있단다. 네가 지금은 거친 광야에서 울고 있지만 언젠가 돌아오면 내가 너에게 안겨주고 싶은 것이 있단다. 봐라, 내가 앞으로 너에게 안겨줄 것은 네가 남보다 착하고 예뻐서 따로 축복을 주는 것이 아니라 원래 네 것이었던 것을 주는 거란다. 내가 처음부터 네게 주고 싶었던 거야."

"아골 골짜기로 소망의 문을 삼아 주리니"(호 2:15)에서 '아골'은 고통이라는 뜻으로, 이스라엘 백성이 가나안 정복 과정 중에 처음으로 좌절의 고통을 겪었던 곳입니다. 놀랍게도 하나님은 우리의 고통, 우리의 아골 골짜기로 소망의 문을 삼아주시겠다고 말씀하십니다. 하나님께서는 여러분의 마음이 바뀌는 순간, 여러분의 환경이 어떠하든 아골 골짜기에서 소망을 보도록 모든 환경을 바꾸어주시는 분임을 믿으십시오.

"그가 거기서 응대하기를 어렸을 때와 애굽 땅에서 올라오던 날과 같이 하리라"(호 2:15). 하나님에 대한 첫사랑을 회복하는 것입니다. 여러분도 하나님의 은혜와 사랑이 좋아서 눈물을 흘릴 만큼 회복의 은혜가 있기를 주님의 이름으로 축복합니다.

여호와께서 이르시되 그날에 네가 나를 내 남편이라 일컫고 다시는 내 바알이라 일컫지 아니하리라(호 2:16).

하나님께서는 아직 이스라엘 백성이 돌아오지 않았는데 그들이 돌아왔을 때 이런 고백을 하기를 기대하고 계십니다. 바알을 내던져버리고 하나님만이 내 하나님이요, 하나님만이 나의 구주요, 나의 전부요, 내 남편이라고 크게 고백하기를 기대하십니다. 하나님은 우리를 향해서도 동일한 기대를 하십니다. 여러분도 다른 사람들보다 큰 고백을 드릴 수 있는 영성이 있기를 축복합니다. 돈이나 다른 어떤 것으로가 아니라 마음이 담긴 입술로 "당신을 사랑합니다. 당신이 나의 전부입니다. 당신밖에 없습니다. 바알이 아무리 나를 유혹해도 바알 앞에 나를 맡길 수가 없습니다"라고 고백하는 것입니다.

가끔은 이런 말씀을 읽을 때마다 가슴이 쿵쿵 뜁니다. '아니, 사람이 없어서 나같이 부족한 사람을 사랑하시고 내 입술을 통해 고백받기를 원하시나?' 그런데 그 고백도 우리가 완전해서 하는 고백은 아닙니다. 때로는 믿음이 부족하고 때로는 연약하지만 하나님 말씀 하나 믿고 고백을 시작하면 그 고백이 온전해지는 날이 있을 줄 믿습니다. 하나님께서 우리의 고백을 온전하게 만드실 것입니다.

이런 기도를 드릴 수 있기를 바랍니다. "주여! 나로 하여금 주님이 좋아하시는 것만 좋아하고 주님이 기뻐하시는 것을 기뻐하고 주님이 싫어하시는 것은 싫어하게 하옵소서. 하나님을 믿으면서도 여전히 바알에게 매여 있어서, 예배할 때는 하나님을 찾지만 삶 속에서는 바알을 찾고 축복이 세상에서 오는 것처럼 세상 속에서 허우적대던 내 입술에서 바알이 사라지게 하시고 내 마음에서 하나님이 싫어하시는 것들이 사라지게 하옵소서. 주여! 당신이 거룩하니 나도 거룩하게 하옵소서."

내가 너에게 가리라

내가 네게 장가들어 영원히 살되 공의와 정의와 은총과 긍휼히 여김으로 네게 장가들며 진실함으로 네게 장가들리니 네가 여호와를 알리라(호 2:19~20).

하나님이 우리를 그리면서 우리가 그분께 돌아가면 우리에게 장가들어 영원히 사실 것이라고 말씀하십니다. 하나님을 믿으십시오. 하나님은 살다가 마음에 안 든다고 이혼하시는 분이 아닙니다. "영원히 살되"라고 하셨습니다. "공의와 정의와 은총과 긍휼히 여김으로 네게 장가들며"라고 하셨습니다. 이것이 하나님이 우리에게 장가들 때 가지고 오시는 혼수품입니다. 언젠가 너희가 돌아오면, 너희가 좋아하는 떡, 물, 양털, 삼, 기름, 술틀 같은 것이 아니라 공의와 정의, 은총과 긍휼히 여김을 가지고 장가들겠다고 말씀하십니다.

그리고 이렇게 말씀하십니다. "진실함으로 네게 장가들리니." 거짓이 없습니다. 하나님은 우리에게서 빼앗을 것이 있어서가 아니라 그냥 우리가 좋아서 장가드는 것입니다. 그런데 우리는 아직도 하나님 이름을 부를 때 무언가를 달라고 말하며 계산을 합니다. 하나님은 "나는 너에게 원하는 것이 아무것도 없단다. 그냥 네가 좋아. 널 사랑해. 네가 지금 좋아하는 세상은 너에게 만족을 줄 수 없단다. 네가 지금 쫓아가는 그것이 너에게 언젠가 상처를 줄 것이다. 너와 영원히 함께할 이는 나 여호와라" 하고 말씀하십니다.

여러분은 하나님을 압니까? 하나님은 완전하신 분입니다. 지금은 우리가 하나님을 오해하여 "하나님, 왜 나를 힘들게 하세요? 하나님, 그때 왜 내 소원 이뤄주시지 않았어요? 하나님, 왜 저 사람은 부자 되게 하고 나는 가난하게 하세요? 하나님, 저 사람은 왜 건강하게 하고 나는 이렇게 약하게 만드셨어요?"라고 투정하며 말이 많지만 하나님은 이렇게 말씀하십니다. "언젠가 네가 나 여호와를 알리라. 네가 지금 서 있는 거친 들은 고난의 장소가 아니라 나 여호와를 구하는 장소가 될 것이다. 나를 찾는 장소가 될 것이다."

네가 아닌 나를 위하여

내가 나를 위하여 그를 이 땅에 심고 긍휼히 여김을 받지 못하였던 자를 긍휼히 여기며 내 백성 아니었던 자에게 향하여 이르기를 너는 내 백성이라 하리니 그들은 이르기를 주는 내 하나님이시라 하리라 하시니라(호 2:23).

하나님은 우리를 이렇게 사랑하는 것도, 용서하고 축복하는 것도 우리가 불쌍하거나 안타까워서, 우리를 그냥 버려둘 수 없어서가 아니라 '나를 위하여' 하시는 것이라고 말씀하십니다.

저는 사실 "내가 나를 위하여"라는 말 앞에 그냥 바닥에 고꾸라졌습니다. "주님, 내가 뭔데요? 나는 나를 우습게 아는데 당신이 생각하는 나는 그렇게 큰 존재인가요?" 나는 이렇게 적당히 죄짓고 살아도 된다고 생각하는데 하나님께서는 그렇게 살아서는 안 된다고 하시며 내가 좋아하는 세상 것들 대신 공의와 정의와 은총과 긍휼을 안겨주신다고 말씀하십니다. 그것도 하나님 자신을 위해서라고 말씀하십니다. 그 은혜가 어찌 그리 크신지요.

여러분은 하나님에게 있어 전부입니다. 하나님께서 여러분을 향해 "너에 대한 내 사랑을 포기할 수 없구나. 지금은 네가 내게 등 돌리고 가지만 언젠가는 내게 돌아올 거야. 너에게도 내가 필요하지만 나도 네가 필요하단다. 넌 내게 참으로 소중한 존재야. 너를 한없이 사랑하는 나를 위해 너를 용서하고 축복할 수밖에 없단다"라고 말씀하신다는 것을 잊지 마십시오.

하나님 마음 이해하기

1. 당신은 어떤 꿈을 꾸고 있나요? 당신의 꿈에는 하나님이 포함되어 있나요?

2. 이스라엘 백성이 타락한 원인은 무엇이었습니까?

3. 당신 삶의 목적은 무엇입니까? 풍요와 번영에만 관심을 두고 있는 것은 아닙니까?

4. 당신의 광야는 고난의 장소입니까, 하나님을 구하는 장소 입니까?

5. 당신은 당신의 마음이 바뀌는 순간, 하나님께서 당신의 삶을 바꿔주시리라는 것을 믿습니까?

∽ 오늘을 위한 기도 ∽

하나님 아버지, 지금 제가 서 있는 광야가 고난의 장소가 아니라 여호와를 구하는 장소가 되게 하여주옵소서. 어떠한 상황에서 도 주님께서 나를 붙들고 계심을, 고난 뒤에 더 큰 축복을 준비 하고 계심을 믿게 하시옵소서. 세상 사람들이 최고라고 여기는 가치를 따르지 않고, 하나님이 기뻐하시는 것들을 추구하며 살 수 있게 하시옵소서.

여호와께서 내게 이르시되

이스라엘 자손이 다른 신을 섬기고 건포도 과자를 즐길지라도

여호와가 그들을 사랑하나니

너는 또 가서 타인의 사랑을 받아 음녀가 된 그 여자를 사랑하라 하시기로

호 3:1

03

하나님의 사랑과
호세아의 영성

하나님은 사랑이십니다. "하나님이 세상
을 이처럼 사랑하사 독생자를 주셨으니 이는 그를 믿는 자마다
멸망하지 않고 영생을 얻게 하려 하심이라"(요 3:16)라는 말씀
에서 알 수 있듯이, 사랑이신 하나님이 사람의 몸을 입고 이 땅
에 오셨습니다. 그 목적은 우리로 하여금 믿게 하여 영생을 주시
기 위함입니다.

하나님이 우리에게 물으십니다. "너는 나를 믿니?" 그렇게 믿
음을 물으셨던 하나님이 나중에는 사랑을 물으십니다. "너, 나
사랑하니? 물론 우리가 하나님을 사랑하지 않아도 하나님은 여

전히 우리를 사랑하십니다. 그러나 어느 날부터인가 하나님께서 우리를 사랑하시되 일방적 사랑, 짝사랑은 그만하고 싶어 하십니다. 함께하는 사랑을 원하십니다. "내가 너를 사랑하는 것처럼 너도 나를 사랑했으면 좋겠구나" 하십니다.

있는 모습 그대로 오너라

우리는 〈호세아서〉를 통해 하나님의 사랑에 눈을 뜰 수 있습니다. 하나님의 본질은 용서요, 사랑입니다. 따라서 누군가를 용서하거나 사랑하실 때 의도적이거나 노력하셔야 할 필요가 없습니다. 하나님의 용서와 사랑은 자연스럽습니다. 하나님은 어떠한 사건과 관계 앞에서도 사랑과 용서를 포기하시지 않습니다. 즉, 우리가 하나님의 사랑과 용서를 받는 것은 우리에게 무언가 특별한 자격이 있어서가 아닙니다.

여호와께서 내게 이르시되 이스라엘 자손이 다른 신을 섬기고 건포도 과자를 즐길지라도 여호와가 그들을 사랑하나니 너는 또 가서 타인의 사랑을 받아 음녀가 된 그 여자를 사랑하라 하시기로(호 3:1).

하나님은 다른 신을 섬기는 사람들도 사랑하고 용서하셨습니다. 그들은 우상을 마음에 두고 풍요에 마음을 빼앗겨 그 삶에서 하나님을 지워버린 사람들입니다. 하나님의 백성이면서도 하나님의 백성답게 살지 않은 사람들, 하나님의 은혜를 입었으면서도 그 은혜를 외면해버린 사람들을 하나님은 끝까지 사랑하셨습니다. 하나님은 언제나 이렇듯 자격 없는 자를 사랑하십니다.

우리가 아직 죄인 되었을 때에 그리스도께서 우리를 위하여 죽으심으로 하나님께서 우리에 대한 자기의 사랑을 확증하셨느니라(롬 5:8).

하나님은 우리의 있는 그대로의 모습을 사랑하십니다. 그러나 하나님의 사랑을 오해하면 안 됩니다. 하나님께서 아무런 자격 없는 자를 사랑하셨다고 해서, 우상을 섬기는 자들과 세상에 마음을 빼앗겼던 사람들을 사랑하셨다고 해서, 우리가 다른 신을 따라가도 좋아하신다는 말이 아닙니다.

사실 하나님은 다른 신을 섬기거나 풍요에 마음을 빼앗긴 사람들을 좋아하지 않습니다. 금송아지를 만든 이스라엘 백성들을 향한 진노하심에서 우리는 그것을 알 수 있습니다. 아간이 욕심에 눈이 멀어 실수하자, 그로 인해 아이성과의 전투에서 이스라엘이 패배한 것을 보더라도 죄를 제거하시려는 거룩하신 하나님을 볼 수 있습니다. 다만 우리의 배신 앞에서도 하나님의 구원 계획은 취소되지 않는다는 것입니다. 이것이 우리를 향한 그분의 진정한 사랑입니다.

진정한 사랑은 감정을 넘어 책임감입니다. 사랑은 감정에서 시작되어 책임으로 열매를 맺는다는 말도 있습니다. 사람끼리의 사랑도 내가 누구를 좋아한다거나 사랑한다는 것은 감정입니다. 그러나 감정은 믿을 것이 못 됩니다. 가끔 자신의 배우자를 사랑하는 마음이 없어졌다고 말하는 사람들을 만나는데 이 감정은 믿을 것이 못 됩니다. 사랑했던 사람도 미워할 수 있습니다. 그렇게 미워했던 사람도 어느 순간, 작은 사건을 계기로 사랑할 수 있습니다. 따라서 진정한 사랑은 감정을 넘어 책임감이라 할 수 있습니다. 예수님이 우리에게 허물과 죄가 있어도 우리의 영육을 책임지셨습니다.

하나님을 내 수준에 맞추지 말자

우리가 열 번, 스무 번 넘어져도 끝까지 우리를 책임지시는 것이 하나님의 사랑입니다. 하나님은 이 사랑을 다음과 같이 표현하셨습니다.

> 너는 또 가서 타인의 사랑을 받아 음녀가 된 그 여자를 사랑하라 하시기로(호 3:1).

하나님은 호세아의 몸과 삶을 통해 그분의 사랑을 표현하셨습니다. 호세아에게 음란한 여인을 맞이하여 음란한 자식들을 낳으라고 명하셨던 하나님께서 이번에는 아이 셋을 낳은 후에 또다시 바람이 나 도망간 여인을 데려와서 사랑하라 말씀하십니다. 참으로 이해할 수 없는 하나님의 요구입니다. 처음부터 음란한 여인이었던 아내가 자식들을 낳은 후 과거의 음란한 습관을 좇아 다시 몸을 파는 창녀가 되었는데 그 여인을 사랑하라 하시니 상식적으로 이해가 되지 않습니다.

그러나 호세아는 자신의 몸과 삶으로 타락한 이스라엘을 여전히 사랑하시는 하나님의 사랑을 나타내야 했기 때문에 하나님의 말씀에 순종해야 했습니다. 호세아는 음란한 여인과 결혼하여 음란한 자식들을 낳으라는 처음 명령에도 순종하기가 쉽지 않았을 것입니다. 그래도 그는 순종했습니다. 그런데 집을 나간 여인을 사랑하라는 이해할 수 없는 요구를 또 하시니, 이번에는 이렇게 말하고 싶지 않았겠습니까? "한 번 했으면 됐지, 나도 할 만큼 했어. 여기까지가 한계야."

그런데 하나님은 언제나 우리에게 또 한 번의 요구를 하십니다. 내 기준으로는 일곱 번 용서해도 많이 하는 것인데 주님은 일곱 번씩 일흔 번이라도 용서하라고 하십니다. 여기서 배울 수 있는 것은 참 신앙은 내 수준을 만족시키는 것이 아니라 하나님의 수준을 만족시키는 것이라는 사실입니다. 하나님으로부터 세상에서 가장 큰 용서의 은혜를 입은 사람이 바로 나인데 나를 향해 누군가를 용서하라는 하나님의 요구에 제한을 둘 수는 없습니다.

하나님은 음녀 된 여인을 가서 데려오는 차원을 넘어 사랑을 주라고 하십니다. 하나님은 이런 이해할 수 없는 방법으로 우리를 사랑해주셨습니다. 이제 그 하나님은 우리에게 같은 사랑을 요구하십니다. "나는 원래 이것밖에 안 돼" 하고 나 자신을 합리화시키고 싶은데 하나님은 "아니야. 너는 용서할 수 있어. 너는 사랑할 수 있어"라고 말씀하십니다.

상상할 수 없는 구속의 은혜

> 내가 은 열다섯 개와 보리 한 호멜 반으로 나를 위하여 그를 사고(호 3:2).

호세아는 하나님의 말씀에 순종하여 가서 음녀 된 여인을 값을 주고 사왔습니다. 여기서 알 수 있는 것이 무엇입니까? 호세아의 아내였던 고멜이 노예가 되어 있었다는 것입니다. 처음에는 마음껏 즐기러 갔는데 세상은 그녀를 유인하여 노예로 삼은 것입니다.

이것이 간교한 사단의 방법입니다. 내가 좋아서 즐기기 위해 죄를 짓는 것 같지만 세상이 어느 순간부터 노예로 삼아 놓아주지 않는 것입니다. 그래서 한순간 깨닫고 그 세상에서 벗어나고 싶어도 인간의 노력에는 한계가 있습니다. 도박도 처음에는 그저 잠깐 즐기기 위해 시작하지만 나중에는 도박의 포로가 됩니다. 여러 가지 중독도 마찬가지입니다. 처음에는 잠깐의 쾌락을 위해 시작하지만 나중에는 그것 없이는 못 살게 되는 것입니다. 세상의 것은 처음에는 자신이 좋아서 선택하는 것 같지만 그 세상이 우리를 얼마나 유린하는지 아십니까?

호세아가 고멜을 값을 주고 사오니 '구속의 은혜'입니다. 구원의 개념 중 하나인 '구속'은 경제적 개념으로, 노예 된 사람의 몸값을 주고 다시 사서 하나님께 속하게 하여 자유롭게 하는 것입니다. 우리의 구원은 값없이 받은 것인데 이는 값이 없어서가 아니라 주님이 값을 대신 치러주셨기 때문입니다. 한마디로 주님이 베푸신 은혜입니다.

오직 나만을 위한 사랑과 용서

그런데 놀라운 것은 호세아가 값을 주고 그 여인을 사오면서 이렇게 이야기하는 것입니다. "나를 위하여." 〈호세아서〉 2장 23

절에서 하나님께서 하나님 자신을 위하여 우리에게 온갖 사랑의 꿈을 그리신다고 했는데 호세아가 그런 하나님의 마음을 흉내 내고 있는 것입니다. 음녀 된 여인을 값을 주고 사오면서 그 여인이 불쌍해서나 하나님이 시켜시니 어쩔 수 없어서가 아니라 "나를 위하여"라고 말합니다.

한번 생각해봅시다. 우리가 누군가를 용서하는 것은 나를 위해서입니까, 그를 위해서입니까? 우리는 대부분 "그를 위해서"라고 답할 것입니다. 하지만 호세아를 통해 알 수 있듯이 신앙적 순종, 신앙적 행위는 모두 '나를 위해서'입니다. 하나님이 허락하신 모든 것은 그것이 아무리 이해할 수 없는 요구일지라도 나를 위한 것임을 믿으십시오. 나를 위해 이러한 환경을 허락하셨다고 하나님을 그대로 믿어버리십시오.

모든 것이 나를 위해서입니다. 봉사하는 것도, 순종하는 것도, 용서하는 것도 다른 사람이나 교회를 위해서가 아니라 나를 위해서입니다. 아무리 교회를 열심히 다니고 봉사를 많이 하더라도 인심 쓰듯이 하면 함정에 빠진 것입니다. 용서와 사랑은 다른 누구를 위해서가 아니라 나를 위해 하는 것입니다.

호세아는 하나님의 말씀을 순종하여 거듭 음란해진 여인을 취하고 그 여인을 사랑하는 것이 하나님 나라를 위해 자신이 희생하는 것이라 여기지 않습니다. 사실 우리에게 있어 희생이라고 하는 단어는 어울리지 않습니다. 아내를 위하여, 자식을 위하여 희생하는 것 같아도 결국 냉정하게 따지면 나를 위해서입니다. 하나님 말씀에 순종하는 모든 신앙적 행위는 나를 위해 하는 것이며 하나님의 모든 요구도 나를 위한 것입니다.

도망간 아내를 하나님의 마음으로 사랑했던 호세아의 영성을 따를 수 있는 사람이 되길 원합니다. '주여, 이런 사랑의 마음을 내게도 주시옵소서. 이런 영성이 내 것이 되게 하여주옵소서'라고 기도할 수 있기를 바랍니다.

사랑하기에 거는 기대

그에게 이르기를 너는 많은 날 동안 나와 함께 지내고 음행하지 말며 다른 남자를 따르지 말라 나도 네게 그리하리라 하였노라 (호 3:3).

이 말씀을 통해 삶을 요구하시는 하나님의 마음을 봅니다.

"많은 날 동안 함께하자"고 말씀하십니다. 이것은 시간만 보내
자는 것이 아니라 몸과 마음이 하나 되기를 원한다는 것입니다.
그래서 단순한 믿음을 넘어 이제는 사랑을 원하십니다. "너는
구원받았으니 음행하지 마라." 거룩한 삶을 요구하십니다. "다
른 남자를 따르지 마라." 구별된 삶을 요구하십니다. 이제 이스
라엘은 하나님을 알고 하나님의 사랑을 품었으니 세상 것을 정
리해야 합니다.

> 그 후에 이스라엘 자손이 돌아와서 그들의 하나님 여호와와 그
> 들의 왕 다윗을 찾고 마지막 날에는 여호와를 경외하므로 여호
> 와와 그의 은총으로 나아가리라(호 3:5).

하나님이 꿈꾸는 그날, 의를 입은 자의 모습입니다. 의를 입
어야 하는 이유는 초림 예수는 죄인을 부르시지만 재림 예수는
의인을 부르시기 때문입니다. 가장 거룩하고 진실한 신랑 되신
하나님이 가장 추한 과거가 있는 나에게 장가들어 주셨고 그것
마저도 행여 우리 마음이 상할까 봐 하나님 스스로를 위해 그리
하셨다 했습니다.

어느 순간 목회를 하면서 나 자신이 성도들을 위하여 제법 인심 쓰는 줄 착각한 적도 있지만 목회하는 것이 하나님과 성도들을 위한 것이기 전에 나를 위한 것임을 알게 되면서 무릎을 꿇을 수밖에 없었습니다.

하나님은 호세아에게 그러셨던 것처럼 모진 실패와 역경, 환경이라고 하는 울타리 안에 우리를 두고 끊임없이 믿음의 고백을 받아내기를 원하십니다. 우리는 사자굴 앞에서 당장 닥친 문제가 해결되기를 원하는데 하나님은 그 앞에서 우리의 고백을 기다리십니다. 주님은 우리를 미워하는 사람 앞에서, 우리를 힘들게 하는 사람 앞에서, 마음에 들지 않는 환경 앞에서 제일 먼저 우리의 고백을 원하십니다. 우리도 호세아처럼 하나님을 흉내 내어 "나를 위하여"라고 고백하며 용서하고 사랑할 수 있어야 합니다.

하나님 마음 이해하기

1. 우리가 하나님의 사랑과 용서를 받으려면 특별한 자격이 있어야 할까요?

2. 우리가 하나님 앞에서 돌아서는 순간, 하나님은 우리를 향한 구원 계획을 취소하실까요?

3. 당신은 하나님의 구속의 은혜를 믿습니까?

4. 우리가 누군가를 용서하는 것은 나를 위한 것입니까, 그를 위한 것입니까?

5. 하나님이 당신에게 이해할 수 없는 요구를 하시면 어떻게 하겠습니까?

∽ 오늘을 위한 기도 ∽

나 같은 죄인도 있는 그대로 사랑하시는 하나님, 정말 감사합니다. 내 안의 수많은 죄를 생각할 때 하나님의 크신 사랑 어찌 감당할 수 있을까요? 그럼에도 수시로 세상 것들에 마음을 빼앗기고 마는 이 죄인을 용서하소서. 어떤 상황에서든 저를 사랑하시는 하나님의 사랑을 따라 저 또한 사랑의 마음을 가질 수 있게 하시고, 하나님의 어떠한 명령에도 순종할 수 있게 하소서.

내 백성이 지식이 없으므로 망하는도다
네가 지식을 버렸으니
나도 너를 버려 내 제사장이 되지 못하게 할 것이요
네가 네 하나님의 율법을 잊었으니 나도 네 자녀들을 잊어버리리라

호 4:6

04

우리를 향한
하나님의 탄식

현 세대를 여러 가지 방법으로 표현할 수 있겠지만 그중 하나로 '상실의 세대'라 표현할 수 있습니다. 교회가 교회다움을 상실했고 가정이 가정다움을 상실했으며 그 가정 안에서 아비는 아비다움을, 어미는 어미다움을, 자식은 자식다움을 상실해버렸습니다.

국회와 청와대를 지적하며 나라의 앞일을 걱정하지만 가장 안타까운 것은 교회의 상실입니다. 교회는 많은데 교회다운 교회가 적은 것입니다. 하나님의 말씀이라고 외치는 소리는 많은데 진정한 하나님의 말씀이 적고, 목사는 많은데 목사다운 목사가 적습니다. 한국교회의 성도가 1,200만 명이라고 하는데 성도다운 성도가 적다고 지적하는 사람이 많습니다.

성경은 일찍이 경건의 모양은 있지만 경건의 능력을 상실한 세대, 예배의 모양은 있지만 예배다운 예배를 상실한 세대, 기도의 모양은 있지만 기도다운 기도를 상실한 세대에 대해 경고했습니다. 외적으로는 화려해졌는데 보이지 않는 내면에 심각한 문제가 있는 것입니다.

하나님은 무엇을 보시는가

하나님께서는 이렇게 말씀하셨습니다. "사람은 외모를 보거니와 나 여호와는 중심을 보느니라"(삼상 16:7). 그런데 많은 사람이 중심을 보시는 하나님을 좋아하기만 하고, 그 하나님이 얼마나 무서운 분인가는 가끔 외면합니다.

저도 중심을 보시는 하나님을 참 좋아했습니다. 몇 년 전, 사무엘상 16장을 근거로 '중심을 보시는 하나님'에 대해 설교하려고 준비 중이었습니다. 교회 사무실에 주보를 만들 수 있도록 설교 본문과 제목을 전달하고 토요일에 제 방에 앉아서 열심히 설교를 준비했습니다. 그런데 갑자기 그 중심을 보시는 하나님이 무서워졌습니다. 하나님이 사람처럼 외모를 취하시면 제가 좋은 목사인 것처럼, 거룩한 목사인 것처럼 꾸밀 수 있지만 중심을 보시기 때문에 그럴 수가 없거든요.

중심을 보시는 하나님께서 다윗을 보시며 그는 내 마음에 합한 자라 하셨는데 그렇다면 '다윗의 마음속에는 하나님이 좋아하는 것들로 가득 차 있었던 것이 아닌가?' 하는 생각이 들어 설교 준비하며 제 가슴을 한번 들여다보았습니다. 그런데 아무것도 없는 것이 아닙니까! 중심을 보시는 하나님 앞에 내놓을 것이 없었습니다.

그래서 그날따라 그 설교를 준비할 자신이 없었습니다. 이런 마음으로 설교를 어떻게 할까 두려웠습니다. 그 시각이 2시쯤이었습니다. 보통 주보가 오후 6시나 7시쯤이면 나옵니다. 도저히 설교할 자신이 없어 행여 본문을 바꿀 수 있을까 하여 사무실에 전화했습니다.

"아직 주보 안 나왔지? 본문을 바꾸려고 하는데…." 그랬더니 "어! 목사님. 인쇄소에서 오늘 야유회 간다고 어젯밤에 다 해놓고 갔어요"라고 말하는 것입니다. 주보가 벌써 나왔다는 말을 듣고 어쩔 수 없이 설교 준비를 하며 얼마나 울었는지 모릅니다. "하나님, 제 안에 아무것도 없네요. 하나님이 좋아하시는 것이 이 안에 아무것도 없네요."

진정한 신앙은 사람이 아니라 하나님 앞에서 보여드리는 것이고, 보이는 부분보다는 보이지 않는 내면을 가꾸고 다듬어야 하는 것임을 깨달았습니다.

현재 우리 세대는 겉모양은 화려해졌습니다. 우리가 사는 집이나 우리의 모습도 화려해지고, 교회도 화려하고 규모가 커졌습니다. 우리는 이것을 큰 역사라고 말하지만 우리가 믿는 하나님은 큰 것도 작게 보시고 작은 것도 크게 보십니다. 오늘 주님이 우리에게 오셔서 손을 내미신다면 우리는 과연 무엇을 내밀 수 있을까요?

하나님은 왜 탄식하시는가

〈호세아서〉 1~3장은 서론으로, 말씀을 통해 하나님의 마음을 알게 하셨고 4장부터는 본론으로, 4장에는 하나님의 백성다움을 상실한 이스라엘을 향한 그분의 탄식이 기록되어 있습니다.

하나님의 가슴을 품은 호세아가 자신의 삶을 통해 백성에게 외칩니다.

> 이스라엘 자손들아 여호와의 말씀을 들으라 여호와께서 이 땅
> 주민과 논쟁하시나니 이 땅에는 진실도 없고 인애도 없고 하나
> 님을 아는 지식도 없고(호 4:1).

즉, 하나님이 검사가 되어 이스라엘의 죄를 낱낱이 지적하시며 송사하시는 것입니다. 왜 사랑의 하나님, 용서의 하나님께서 검사의 옷을 입고 우리 앞에 서셔야 합니까? 하나님의 백성다움을 상실했기 때문입니다. 세상 사람들과 똑같은 것을 추구하고, 세상 사람들이 즐기는 것을 함께 즐깁니다. 하나님의 백성이 세상 사람들과 별반 다를 게 없으니 얼마나 안타깝습니까? 하나님이 원하시는 대로 살지 못하고, 살면서 겪게 되는 여러 사건들과 관계 앞에서 하나님의 백성다움을 놓아버린 것입니다.

사람은 처음부터 하나님의 형상대로 창조되었습니다. 따라서 마땅히 그 모습 속에서 하나님이 보여야 하고 하나님이 느껴져야 합니다. 그런데 우리의 모습 속에서 하나님이 보이지 않을

뿐 아니라 하나님이 찾으시는 것도 없습니다. 하나님이 싫어하시는 것들로 마음을 가득 채워버린 것입니다. 하나님의 백성에게는 진실함과 인애, 하나님을 아는 지식이 마땅히 있어야 하는데 오늘날 이 땅에는 그것들이 없습니다.

우리가 잃어버린 진실

진실은 속이지 않는 것입니다. 말에나 행동에나 상대가 모르는 그 어떤 것을 계산하지 않는 것입니다. 사실과 진실은 다릅니다. 사실은 있는 그대로의 일입니다. 사람들이 있는 그대로의 사실을 말하는 것 같지만 그 안에 얼마나 이기적인 계산이 있는지 모릅니다. 하지만 진실, 이 단어에는 마음이 담겨 있습니다.

진실하신 하나님은 우리를 대하실 때 한 번도 가볍게 대하신 적이 없습니다. 우리를 대하시는 그분의 마음에는 한 번도 자기 계산이 담겨 있지 않았습니다. 우리를 위해 고난당하시고 죽으신 그분은 우리를 통하여 무엇인가 얻겠다고 생각하시지 않았습니다. 따라서 하나님의 자녀인 우리에게도 진실이 묻어나야 합니다.

이런 면에서 부부간에도 서로 진실해야 합니다. 자기 계산이 있으면 안 됩니다. 그래서 제가 주례를 서면서 자주 드리는 말씀이 있습니다.

첫째로 시간에 있어 투명해야 합니다. 배우자 몰래 활용하는 시간이 많으면 많을수록 반드시 언제가 되든 상처를 남기게 됩니다. 죄가 얼마나 무서운지 아십니까? '한 번만…' 하고 발을 담그는 순간 여러분의 목을 틀어쥐는게 죄입니다. 부부간에는 자신이 어디에서 무엇을 하고 있는지 반드시 배우자에게 투명하게 알려야 하는 의무가 있습니다. 숨기는 게 있으면 안 됩니다.

둘째, 관계가 투명해야 합니다. 결혼 전에는 서로가 교제하는 사람이 따로 있었더라도 부부가 되는 동시에 그 교제권은 함께해야 합니다. 배우자가 반대하는데도 친구가 더 좋다고 교제하면 반드시 문제가 생깁니다. 또한 배우자가 아무리 믿어준다 해도 자기 자신을 스스로 다스릴 줄 알아야 합니다.

셋째, 물질의 투명성이 있어야 합니다. 부부는 한 몸입니다. 결혼하여 부부가 네 돈, 내 돈 따로 쥐고 있으면 언젠가 반드시 부부 사이에 금이 갑니다. 하나님을 속이지 않으려면 사람도 속이지 말아야 합니다. 하나님을 속이지 않으면서 사람을 속이면 이미 내 안에 거짓이 있는 것입니다.

우리가 간직해야 할 인애

어리석은 이스라엘 백성들은 인애를 상실했습니다. 인애는 책임 지는 사랑으로, 하나님의 사랑과 자비입니다. 어떤 사건 속에서 진실을 알게 되면 책임을 져야 합니다. 예를 들어 저수지의 얼음이 얇아서 밟고 들어가면 죽는다는 것을 알면서도 누군가 들어갈 때 그 위험을 알리지 않았다면 책임이 있는 것입니다.

하나님의 백성들이 그분을 떠나서는 살 수 없음을 안다면 떠나지 말라고 붙잡아주어야 하는데 죄 가운데 놓아두는 것은 잘못입니다. '나만 믿음 지키면 되지'라고 생각하는 사람들이 많은데, 다른 사람들이 다 무너지는데 나만 믿음을 지키기는 어렵습니다.

오늘날 한국의 사만, 오만의 교회가 너도 나도 방향을 잃었습니다. 한 교회만 보면 거룩하고 성령 충만해 보이지만 한국교회 전체적으로 보면 아닙니다. 한 교회가 아무리 대단해도 한국교회 전체를 책임질 수는 없습니다. 다른 교회들이 다 무너진 상태에서 그 교회만 온전할 수 있습니까? 천만의 말씀입니다. 그것은 철저한 영적 이기주의입니다. 착각해서는 안 됩니다. 교회가 부흥되는 것은 절대로 목사의 능력 때문도, 성도들의 수고 때문도 아닙니다. 오직 하나님의 은혜입니다.

교회 성장은 자랑이 아니라 빚입니다. 하늘나라에 가면 하나님께서 제게 "재명아, 네가 섬기는 교회 얼마나 키우다 왔니?"라고 묻지 않으실 것입니다. "내가 너에게 남보다 큰 교회, 많은 사람 맡겼는데 너는 그것을 통해 얼마만큼 일하다 왔니?" 하고 물으실 것입니다.

나는 하나님을 아는가

이스라엘 백성들은 그들의 삶에서 하나님을 놓아버렸습니다. 더 큰 문제는 그들 안에 하나님을 아는 지식이 없는 것이었습니다. 이 모든 것은 마음에 하나님 두기를 싫어해서 나타나는 현상입니다. 다음 말씀을 읽어봅시다.

또한 그들이 마음에 하나님 두기를 싫어하매 하나님께서 그들을 그 상실한 마음대로 내버려두사 합당하지 못한 일을 하게 하셨으니(롬 1:28).

물질의 번영을 이루는 시대가 되면서 사람들이 마음에 하나님 두기를 싫어하게 되었습니다. 하나님도, 언약도, 그렇게 좋았던 은혜도 부담이 되기 시작했다는 것입니다. 불편하다는 것입니다. 어느덧 그들 안에 하나님이 은혜가 아닌 짐 덩어리가 되어 있었습니다. 그들의 신앙의 특징은 신앙이 나를 끌고 가야 하는데 내가 신앙을 끌고 가려는 것입니다. 그래서 이 땅을 살아가는 것도 짐인데 예수까지 믿으려니 귀찮아지는 것입니다. 신앙이 우리를 끌고 가기 위해서는 한 가지 방법, '성령 충만'밖에 없습니다.

그런데 사람들은 어느 날부터인가 마음은 텅 빈 채 하나님 앞에서 모양을 꾸미기 시작합니다. 겉으로만 뜨거운 척합니다. 하나님의 은혜도 이제는 우리가 만들어냅니다. 그렇게 우리 마음속에 하나님이 원하시는 것이 없다면 우리 마음속을 점령한 것은 무엇일까요?

오직 저주와 속임과 살인과 도둑질과 간음뿐이요 포악하여 피가 피를 뒤이음이라(호 4:2).

하나님을 모르면 하나님을 놓아버리는 것으로 끝나는 것이 아닙니다. 하나님을 모르면 마귀를 모르고, 천국을 모르면 지옥도 모릅니다. 마땅히 하나님을 위하여 살아야 할 사람들이 하나님을 위하여 살지 않으면 자신도 모르게 세상과 죄에 철저하게 유린당하며 살게 됩니다. 컵에 물이 없어지면 그것으로 끝나는 것이 아니라 공기나 다른 어떤 것들로 채워집니다. 마찬가지로 우리 안에 하나님을 상실하면 다른 엉뚱한 것들로 채워지게 됩니다. 우리 마음을 하나님으로 가득 채웁시다. 그러면 하나님께서 세상을 이기는 힘을 주실 것입니다.

이스라엘 백성이 어느 정도까지 무너집니까? 제사장과 다투고, 하나님의 말씀을 말씀 되지 못하게 하는 세대가 됩니다. 자기 소견만 옳다고 생각하며 하나님의 말씀에 복종하지 않게 된 것입니다. 하나님의 말씀으로 권면해도 소용없는 세대가 됩니다. 이렇듯 하나님의 말씀이 우리 안에 자리 잡지 못하게 하는 것이 마귀입니다. 마귀가 쓰는 방법 중의 하나는 말씀이 우리 마

음에 뿌리 내리지 못하게 하는 것이고 그중 잘 쓰는 방법은 주의
종과 갈등구조를 형성하게 하는 것입니다.

> 유다와 예루살렘 주민들아 내 말을 들을지어다 너희는 너희 하
> 나님 여호와를 신뢰하라 그리하면 견고히 서리라 그의 선지자
> 들을 신뢰하라 그리하면 형통하리라(대하 20:20).

말씀만 우리 안에 심겨지면 우리는 승리할 수 있습니다. 여러
분의 삶 속에서 말씀이 살아 움직이길 소망합니다.

탄식 속에 담긴 하나님의 마음

> 내 백성이 지식이 없으므로 망하는도다 네가 지식을 버렸으니
> 나도 너를 버려 내 제사장이 되지 못하게 할 것이요 네가 네 하
> 나님의 율법을 잊었으니 나도 네 자녀들을 잊어버리리라(호
> 4:6).

하나님이 이렇게 무섭게 말씀하신 적이 별로 없습니다. 하나

님은 자기 백성에게 하나님을 아는 지식이 있기를 원하십니다. 그래서 호세아 6장 6절에서 이렇게 말씀하십니다. "나는 인애를 원하고 제사를 원하지 아니하며 번제보다 하나님을 아는 것을 원하노라." 인간의 진정한 축복은 하나님을 아는 것, 하나님을 구하는 것에 있습니다. 그런데 이스라엘 백성은 하나님을 아는 지식도, 하나님을 구하는 마음도 놓아버렸습니다.

하나님을 아는 것은 지식적인 것이 아닙니다. 하나님의 애절함을 아는 것입니다. "너희가 너 여호와를 구하여 경험으로 알라." 여로보암 2세가 통치하던 시대는 국가적, 개인적으로 최고의 번성기를 누리던 때였습니다. 그러다 보니 즐길 것, 누릴 것, 쌓아둘 것이 너무 많아 백성들은 하나님을 귀찮게 여겼습니다. 당장은 하나님에게서 멀어져도 괜찮을 것 같지만 그 후에 반드시 대가를 톡톡히 지불하게 됩니다. 하나님의 율법을 놓아서는 안 됩니다. 이스라엘 백성은 하나님의 율법을 잊어버린 것이 아니라 그 삶 속에서 율법을 슬그머니 놓아버린 것입니다. 그리고 이렇게 착각하지요. '이렇게 살아도 괜찮네.'

하지만 이스라엘 백성들이 삶의 방향이 잘못되니까 어떻게 됩니까?

그들은 번성할수록 내게 범죄하니 내가 그들의 영화를 변하여 욕이 되게 하리라(호 4:7).

그들은 축복을 축복으로 다스릴 능력을 상실했습니다. 아이들이 "엄마, 나 돈 줘"라고 하면 부모는 아이에게 천 원이나 만 원 정도는 줄 수 있습니다. 그런데 십만 원, 백만 원, 천만 원은 아이에게 맡기지 않습니다. 아이를 의심해서일까요? 아닙니다. 아이가 그 큰돈을 다스릴 능력이 없음을 알기 때문입니다. 하나님께서는 충분히 우리가 원하는 대로 주실 수 있지만, 주시는 순간 우리 안에서 하나님이 흐려질까 봐 걱정하십니다. 하나님이 흐려진 가운데 주어지는 축복은 진정한 축복이 아닙니다.

우리는 어리석어서 번성할수록 죄를 짓습니다. 세상에 속한 사람들은 돈과 시간이 많고 건강하면 죄를 짓게 마련입니다. 그런데 하나님을 믿는 성도들조차 번성할수록 죄를 짓는다는 게 문제입니다. 십일조 만 원 드릴 때는 그렇게 눈물을 흘리며 감사하면서 살다가 십일조 십만 원, 이십만 원 드리게 되면서 점차 하나님께 드리는 예물을 부담스러워하고 적당한 선에서 자기 합리화시키며 살고 있지는 않습니까?

예배를 회복하라

> 그들이 내 백성의 속죄제물을 먹고 그 마음을 그들의 죄악에 두
> 는도다(호 4:8).

제사장들도 함께 타락하여, 속죄제물은 원래 하나님께 드려
진 것인데 어느 날부터 그 속죄제물이 자기에게 맡겨진 것이니
자기가 먹겠다고 달려듭니다.

저는 목회를 시작하면서 한 가지 마음속에 다짐한 것이 있습
니다. 하나님의 돈을 가볍게 알고 물질적인 부분에서 깨끗하지
않으면, 절대 하나님이 복을 주시지 않는다는 것입니다.

그래서 목회를 시작하면서 제가 만 가지가 부족했어도 이 부
분만은 깨끗하자고 결심하고 지금까지 왔습니다. 교회 돈은 단
돈 만 원도 쉽게 쓸 수가 없습니다. 그것은 하나님의 돈인데 내
가 내는 헌금이라 하여 내 마음대로 쓴다면 하나님이 기뻐하시
지 않습니다. 교회 돈은 선교하고 구제하고 교회 미래 설계하는
등 하나님 일을 위해 사용되어야 합니다. 그리고 웬만하면 교회
돈을 아끼는 정신이 있어야 합니다. 하나님께 바쳐진 돈은 절대
가볍게 여기면 안 됩니다. 교회 재정이나 예산 문제로 논의할 때

도 주의해야 합니다.

> 그들이 먹어도 배부르지 아니하며 음행하여도 수효가 늘지 못
> 하니 이는 여호와를 버리고 따르지 아니하였음이니라(호 4:10).

세상에 속한 사람들은 먹고 싶은 대로 먹고 가지고 싶은 대로
가진다고 만족이 있습니까? 그들은 만족할 수도 있습니다. 그들
안에는 하나님이 없기 때문입니다. 하지만 하나님의 백성인 우
리는 세상 것을 아무리 가져와서 쌓아놓아도 만족이 없습니다.
우리는 하나님으로만 만족할 수 있습니다. 우리 삶의 목표에 하
나님이 계셔야 하고 우리 삶의 중심에 하나님이 계셔야 합니다.
오늘도 우리의 중심을 보시는 하나님께서 우리 마음을 들여
다보십니다. 하나님께서 우리를 향해 "네 안에 내가 원하는 것
이 있니?"라고 물으실 때 자신 있게 "네!"라고 대답할 수 있기를
바랍니다.

하나님 마음 **이해하기**

1. 당신의 마음속에는 하나님이 좋아하시는 것들이 있나요?

2. 당신은 삶을 통해 믿지 않는 이들에게 하나님을 증거하고 있나요?

3. 당신은 다른 사람들을 진실하게 대하나요? 잘해주는 척 하면서 속으로는 자신의 유익을 구하고 있지 않나요?

4. 하나님을 등진 채 세상에 빠져 사는 사람들을 보면 어떻게 해야 할까요?

5. 당신 안에는 하나님을 아는 지식이 있나요? 하나님의 애절한 마음을 알고 있나요?

∽ 오늘을 위한 기도 ∽

하나님, 매일의 삶 속에서 나 자신을 돌아보게 하시옵소서. 내 안에 하나님이 좋아하시는 것들이 있는지, 나를 보며 하나님이 기뻐하실지 생각하며 하루하루를 보낼 수 있게 하시옵소서. 신 앙생활을 함께하는 믿음의 동역자들을 세워주고, 그들이 쓰러지거나 하나님 곁을 떠나갈 때 힘써 붙들어줄 수 있는 마음도 허락하시옵소서.

그들의 행위가 그들로 자기 하나님에게

돌아가지 못하게 하나니

이는 음란한 마음이 그 속에 있어 여호와를 알지 못하는 까닭이라

호 5:4

05

우리의마음은
어디에 있는가

〈호세아서〉 5장에서는 이스라엘에 대한
하나님의 심판이 예고되는 가운데 심판에 앞서 이스라엘이 돌
아오기를 기다리시는 하나님의 마음이 잘 표현되어 있습니다.

'하나님의 심판'을 좀 더 정확하게 말하자면, 그들의 죄에 대
해 하나님이 따로 심판하신다기보다는 그들 각자의 죄가 자신
들을 심판으로 몰고 가는 것입니다. 스스로의 죄가 올무가 됩니
다. 죄로 인해 지불하는 대가는 상상을 초월합니다. 아담과 하와
의 선악과 사건이 이 정도의 큰 파장을 불러올 줄 아무도 몰랐습
니다. 죄를 짓는 사람은 그것이 자기만의 죄라고 생각하지만 아

담과 하와의 경우처럼 결코 그렇지 않다는 것을 알게 됩니다.

죄와 싸우는 것은 선택이 아니다

인간 스스로는 죄를 이길 힘이 없습니다. 죄가 죄인을 끌고 갑니다. 직분이나 명예도 사람을 지켜주지 못합니다. 그런데 죄에 빠진 사람들은 안타깝게도 하나님이 오래 참고 기다리시는 것을 오해합니다. 하나님이 보지 못하시고 듣지 못하시는 줄 압니다. 그러나 하나님은 보이지 않고 들리지 않는 것까지 다 헤아려 아시는 분입니다. 하나님 앞에 숨길 수 있는 것은 없습니다. 사람 앞에서는 변명도 가능하고 이 사람, 저 사람에게 다른 말을 할 수도 있지만 하나님 앞에서는 그럴 수 없습니다. 하나님은 간음한 여인을 보호하셨던 것처럼 때로는 우리에게 변호사로 다가오시지만 때로는 검사로도 다가오십니다. 그러면 우리는 우리 죄를 속일 수도 없고 변명할 수도 없습니다. 중심을 헤아리시는 분 앞에서 과연 우리가 어떻게 숨길 수 있겠습니까?

"죄가 너를 원하나 너는 죄를 다스릴지니라"(창 4:7). 저는 아담, 하와, 가인을 보면서 저 자신을 많이 돌아봅니다. 하나님 앞에서 울기도 합니다. 나를 향하여 한없이 참아주셨던 하나님께 죄송하고, 앞으로도 수없이 참고 기다려주셔야 하는 하나님의 은혜에 감사하기 때문입니다.

죄가 우리를 원해도 우리는 죄를 다스려야 합니다. 은혜 받는 순간에만 회개하고 죄를 다스리는 것이 아니라 늘 깨어 있어야 합니다. 경건한 모습으로 바로 서지 않으면 한순간 죄가 우리의 생각과 행동, 삶을 길들여버릴 것입니다. 죄는 우리 몸에 한번 둥지를 틀면 절대 쉽게 물러가지 않습니다. 하지만 안타깝게도 죄를 다스리지 못하고 심판을 자초한 이스라엘 백성들의 상태를 살펴봅시다.

패역자가 살육죄에 깊이 빠졌으매 내가 그들을 다 벌하노라 에브라임은 내가 알고 이스라엘은 내게 숨기지 못하나니 에브라임아 이제 네가 음행하였고 이스라엘이 더러워졌느니라(호 5:2~3).

하나님은 에브라임이 음행하였고 이스라엘이 더러워졌다고 진단하십니다. 그들은 하나님이 주시는 온갖 은혜를 누리고 살면서도, 풍요의 신 바알과 쾌락의 신 아세라를 섬기며 모든 에너지를 쏟아 영적 음행을 저질렀습니다.

영적 음행은 곧 육적 음행으로 이어집니다. 하나님께 마음을 두지 않으면 우리 스스로를 다스릴 수도 없습니다. 에브라임이 음행한 것은 마음을 빼앗겼기 때문입니다. 이스라엘이 더러워진 것은 거룩함을 상실했기 때문입니다. 하나님의 백성답지 못하고 세상 사람들과 똑같이 천박해졌습니다. 욕심과 작은 유익 앞에 자신이 누구인가를 놓아버렸습니다. 이것을 보신 하나님께서 얼마나 안타까우셨을까요?

여러분은 마음을 어디에 두고 살고 있습니까? 여러분의 마음과 영혼, 그리고 삶은 지켜지고 있습니까? 혹시 무너져 있는 부분이 있는데도, 성령께서 여러분을 그냥 두지 않고 끊임없이 변화하라고 감동하시는데도, 적당히 타협하며 '이 정도면 됐지' 하고 주저앉아 하나님을 만홀히 여기고 있지는 않습니까?

말씀에 귀를 기울여라

제사장들아 이를 들으라 이스라엘 족속들아 깨달으라 왕족들아 귀를 기울이라 너희에게 심판이 있나니 너희가 미스바에 대하여 올무가 되며 다볼 위에 친 그물이 됨이라(호 5:1).

"들으라. 깨달으라. 귀를 기울이라." 이 말씀은 세상을 향한 호소가 아닙니다. 제사장들, 이스라엘 족속들, 왕족들, 즉 오늘날로 말하면 그리스도인을 향한 호소입니다. 성도는 제사장입니다. 하나님만 섬기도록 구별된 사람들입니다. 성도는 택한 백성, 이스라엘입니다. 성도는 하나님 나라의 왕이신 하나님을 아버지로 부르는 왕족입니다. 그런데 그들의 마음과 삶이 무너져 있으니 그들을 향하여 "들으라, 깨달으라, 귀를 기울이라" 하고 말합니다. 심판 전에 우리를 향한 하나님의 애절함입니다.

그러면 무엇을 듣고 깨닫고 귀를 기울여야 할까요? 하나님 말씀입니다. 여러분에게는 말씀을 사모하는 마음이 있습니까? 늘 자신을 말씀에 비추어 진단하고 있습니까? 혹시 어리석은 요나처럼 하나님이 보내신 풍랑 앞에 죽는 줄도 모르고 잠들어 있지는 않습니까? 수많은 사람이 죽을 위험에 처해 있는 줄도 모르고 잠자고 있지 않습니까?

하나님의 음성은 언제나 세미하게 들려옵니다. 말씀은 저절로 들려오는 것이 아닙니다. 말씀을 듣는 것, 깨닫는 것은 처절한 영적 싸움입니다. 죽을 각오로 자신의 죄악과 악의 세력을 물리쳐야 합니다. 지금 처한 상황이 아무리 복잡해도 말씀을 듣고, 깨닫고, 말씀에 귀 기울일 수 있으면 그곳에 길이 있습니다.

그런데 그들은 말씀을 듣지 못하고 깨닫지 못하고, 말씀에 귀 기울이지 못하고 있습니다. 미스바의 올무가 되어 있고 다볼 위에 친 그물이 되어 있기 때문입니다.

미스바는 이스라엘 역사 속에서 기도의 장소요, 승리의 장소입니다. 따라서 미스바의 올무가 되어 있다는 것은, 오늘의 신앙은 무너진 채 과거의 신앙에 매여 있다는 것입니다. 과거의 신앙에 젖어 오늘 스스로 위로받고 있는 것입니다. 신앙은 과거가 아무리 화려하고 대단해도 언제나 지금, 오늘이 중요합니다. 조부모님의 신앙, 부모님의 신앙이 아무리 좋아도 소용없습니다. 지금 당신의 신앙은 어떤지를 성경은 묻고 있습니다.

다볼은 이스라엘이 사냥하면서 당시 최고의 오락을 즐기던 곳이라 합니다. 이스라엘은 어느 날부터인가 자신이 무너져가는 줄도 모르고 스스로의 즐거움에 빠져 있었던 것입니다. 여러분도 세상의 쾌락에 빠져 있지는 않은지 돌아봅시다.

하나님은 작은 자도 귀하게 보신다

〈호세아서〉 5장 1절 말씀을 보면 제사장들, 이스라엘 족속들, 왕족들이 패역자가 되어 살육죄에 빠졌다고 합니다. 이 말씀 앞에 그들은 사람을 죽인 적이 없다고 항변할 것입니다. 그러나 성경은 단호합니다. "너희가 사람을 죽였다." 이것은 영적 살인입니다. 실족하게 하는 것입니다. 성경에서는 일반 성도의 타락보다지도자의 타락을 무섭게 다루고 있습니다. 지도자의 음행과 타락은 많은 사람을 실족케 하기 때문입니다.

> 누구든지 나를 믿는 이 작은 자 중 하나를 실족하게 하면 차라리연자 맷돌이 그 목에 달려서 깊은 바다에 빠뜨려지는 것이 나으니라(마 18:6).

오늘날 교회 지도자들이 유념해야 할 말씀입니다. 가끔 우리는 자신도 모르게 누군가를 실족하게 하면서도 아무렇지 않게여길 때가 있습니다. 그런데 성경에서는 작은 자 중에 하나도 실족케 하지 말라고 했습니다. 작은 자는 누구입니까? 공동체에서있어도 되고 없어도 될 것 같은 사람들입니다. 그리스도인의 진정한 영성은 작은 자에 대한 태도에서 드러납니다. 교회의 영성은 화려함이 아니라 작은 자에 대한 태도입니다. 별것 없어 보이는 사람일지라도 존중하고 섬길 줄 알아야 합니다.

세상에서 돌이켜 하나님께 마음을 두라

하나님은 심판을 앞두고 이스라엘 백성에게 돌아오라 하십니다. 그들이 심판의 대상이 되는 것이 싫으신 것입니다. 그들을 용서하고 안아주고 싶으신 것입니다.

> 그들의 행위가 그들로 자기 하나님에게 돌아가지 못하게 하나니 이는 음란한 마음이 그 속에 있어 여호와를 알지 못하는 까닭이라(호 5:4).

그런데 그들의 행위가 하나님께 돌아가지 못하게 합니다. 삶이 엉뚱하게 길들여진 것입니다. 세상 즐거움에 취한 것입니다. 하나님 앞에 돌아오기 위해서는 자신과 싸워 이겨야 합니다. 여러분의 몸과 마음은 어떻게 길들여졌습니까?

세상이 주는 잠깐의 즐거움을 위해 온갖 것을 투자하고 있지는 않습니까? 그렇다면 영적인 부분에 대해서는 얼마나 투자하고 있습니까? 도박에 미친 사람들이 하룻밤 쾌락을 위해서 자신의 미래를 잃어버리는 것을 보면 무섭죠? 세상이 한번 잡으면 놓아주지 않습니다. 이스라엘 백성들처럼 마음이 무너지고 세상에 길들여져 있으면 하나님께 돌아가기가 힘듭니다. 마음이 음란해지면 여호와를 알지 못합니다. 여호와를 경험하지 못한다는 것입니다.

음란은 세상을 사랑하는 마음입니다. 육적 음란 못지않게 영적 음란도 문제입니다. 이스라엘 백성들의 마음속에 음란함이 있어서 하나님이 아무리 돌아오라고 외치셔도 세상에 매여 있었습니다. 그들이 가나안을 향해 가면서도 수없이 문제 앞에서 주저앉은 이유는 그 마음에 애굽에 대한 사랑이 있었기 때문입니다. 애굽을 정리하지 못했던 것입니다.

그들이 양 떼와 소 떼를 끌고 여호와를 찾으러 갈지라도 만나지 못할 것은 이미 그들에게서 떠나셨음이라(호 5:6).

그들에게서 여호와가 떠나셨습니다. 영혼의 목마름은 하나님의 초청입니다. 하지만 우리는 이 목마름을 해소하기 위해 자꾸만 세상 물을 채웁니다. 하나님의 초청을 거부하고 세상에 빠져들면 심판을 피할 수 없습니다. 그중 가장 큰 심판은 하나님이 떠나시는 것입니다.

다윗이 범죄한 후에 통곡하며 기도한 것 중 하나가 무엇이었습니까? "주의 성신을 거두지 마소서"였습니다. 평생 무서울 것 없던 사도 바울이 두려워하고 떨었던 적이 있습니다. 바로 마음속에서 성령이 느껴지지 않았을 때였습니다. 사도 바울은 수없이 매를 맞고 수십 번 내던져질 때도 떨지 않았습니다. 그때는 마음속에 성령의 느낌이 있었기 때문입니다. 그런데 교회가 세워지고 병자가 치료되는 역사가 일어나는데도 자기 가슴에 아무것도 없는 것 같다고 느껴지자 그날 밤에 떨며 웁니다.

오늘도 하나님은 우리를 세상에 빼앗기고 싶지 않아 시험하시고 있다는 것을 기억하십시오. 여러분에게 하나님의 함께하심의 증거가 있기를 축복합니다.

하나님 마음 이해하기

|묵|상|을|위|한|질|문|

1. 당신은 마음을 어디에 두고 살고 있습니까? 당신의 마음 과 영혼은 무너진 곳 없이 잘 지켜지고 있습니까?

2. 당신은 하나님의 말씀을 잘 듣고, 깨닫고, 하나님 말씀에 귀 기울이며 영적 싸움에서 승리하고 있습니까?

3. 자기도 모르는 사이에 다른 사람들을 실족하게 하며 '영 적 살인'을 저지른 적은 없습니까?

4. 당신의 몸과 마음은 어디에 길들여져 있습니까? 당신을 즐겁게 하는 것들은 무엇입니까?

5. 삶 속에서 하나님의 동행하심을 느끼고 있습니까?

∽ 오늘을 위한 기도 ∽

오늘도 풍성한 은혜를 베풀어주시는 하나님 아버지, 내 마음 여기저기 상처 난 곳이 많습니다. 상처 입어 벌어진 틈 사이로 악한 생각들도 종종 들어옵니다. 내 상처로 인해 다른 사람들을 실족하게 하지는 않을까 두렵습니다. 하나님의 말씀으로 무장하여 상처들을 치유하고 악한 세력들이 틈타지 못하게 하소서. 매일의 삶 속에서 하나님이 함께하심을 느끼게 하소서.

오라 우리가 여호와께로 돌아가자
여호와께서 우리를 찢으셨으나 도로 낫게 하실 것이요
우리를 치셨으나 싸매어주실 것임이라

호 6:1

06

들켜버린
하나님의 마음

      하나님께서는 계속해서 이스라엘의 타
락상을 지적하십니다. 그리고 금방 심판을 내리실 것 같은 목소
리로 그들을 향하여 외치십니다.

  하지만 그러는 중에 하나님의 바람이 드러나는 말씀을 하십
니다. 타락한 그들을 향하여 심판하겠노라 외치시면서 마음속
으로는 "돌아와라. 지금이라도 이렇게 고백해봐. 그래야 너희가
산다"라고 하시며 정답을 알려주시는 것입니다.

  하나님을 마음에 두기 싫어했던 어리석은 이스라엘 백성들,
삶 속에서 하나님의 율법을 놓아버린 그들을 향하여 하나님은

탄식하시고 진노하셨습니다. 그러나 진실과 인애의 하나님은 어느 순간 그 숨겨진 마음을 들켜버리고 맙니다.

회복의 원리

하나님을 떠난 이들의 결국을 아시는 하나님은 세상이 좋아 방황 아닌 방황을 하고 있는 그들에게 이내 회복의 원리를 알려주십니다.

> 그들이 그 죄를 뉘우치고 내 얼굴을 구하기까지 내가 내 곳으로 돌아가리라 그들이 고난받을 때에 나를 간절히 구하리라(호 5:15).

떠나신다고, 버리신다고 하셨지만 하나님의 본성인 사랑과 용서를 놓아버리실 수 없었습니다. 진실과 인애를 숨기실 수가 없었습니다. 하나님은 이스라엘 백성을 유린하는 죄와 사망의 권세, 사단의 간교함을 모두 아시기에 그 마음을 숨기실 수가 없었던 것입니다.

"사랑하는 아들아, 무엇이 좋아서 그리도 달려가니? 내게 돌아와야 한다."

"사랑하는 딸아, 무엇이 좋아서 그렇게 헤매니? 너는 내 앞에 있어야 해."

사춘기 소년, 소녀들이 때로는 자신들의 욕구와 감정을 조절하지 못한 채 가출하는 경우가 있습니다. 부모가 찾아 헤매고 아무리 설득해도 고집 부리고 돌아오지 않는 아이들도 있습니다.

그러면 말로는 "그래, 다시는 집에 오지 마라. 어디 한번 그렇게 살아봐!"라고 하면서도 돌아서서 눈물 흘리며 언제라도 자녀가 돌아오길 기다리는 것이 부모의 마음 아니겠습니까? 우리의 아버지 되신 하나님 마음도 같습니다.

"내 영혼을 소생시키시고 자기 이름을 위하여 의의 길로 인도하시는도다"(시 23:3). 하나님은 사망 가운데 있음을 알지 못했던 내 영혼을 살리시고, 여전히 세상이 좋다고 하는 나를 설득하고 타일러 한 걸음 한 걸음 의의 길로 인도하셨습니다. 하나님은 우리를 위하여 자존심도 접으셨습니다. 우리에게 제발 돌아오라고 간곡히 말씀하십니다.

하나님의 마음을 아십니까? 그렇다면 하나님이 이스라엘 백성들로부터 듣고 싶으셨던 고백은 무엇입니까?

그 첫째가 "오라 우리가 여호와께로 돌아가자"입니다.

> 오라 우리가 여호와께로 돌아가자 여호와께서 우리를 찢으셨으나 도로 낫게 하실 것이요 우리를 치셨으나 싸매어주실 것임이라(호 6:1).

하나님은 우리를 기다리십니다. 착하지 않고 망가질 대로 망가진 아들을 사랑의 마음으로 끝까지 포기하지 않고 기다리십니다. 그리고 오늘도 끊임없이 "너에게는 내가 있어야 해. 그러니 어서 돌아서렴" 하고 말씀하십니다. 사랑하는 아들이 집을 나갔을 때의 아버지 심정, 그 기다리는 마음이 어떠한지 우리는 누가복음 16장 탕자의 비유를 통해 알 수 있습니다.

주님만이 길이요, 진리요, 생명이십니다. 주님을 놓아버렸다면 아무리 열심히 살고 아무리 열심히 뛰어도 그 길은 모르는 길이요, 그 삶은 모르는 삶입니다. 직장이 전부인 줄 알고 평생 가정 소홀히 하고 신앙생활 제대로 할 겨를도 없이 일에만 매달렸던 사람들이 어느 순간 자신이 어디로 가는지, 무슨 일을 하고 있는지 몰라 삶의 허무함을 느끼는 것을 보게 됩니다.

그러나 돌아서기만 하면, 우리를 낫게 하실 하나님을 만날 것입니다. 우리의 아픔과 고난이 하나님의 계획과 허락하에 일어나는 일이라면 회복하게 하심의 은혜도 믿어야 합니다. 안타깝게도 많은 그리스도인이 '지금의 고난은 하나님의 뜻일 거야'라고 받아들이면서도 회복에 있어서는 하나님을 바라보는 것이 아니라 여전히 땅에서 헤매며 인간적인 방법을 추구합니다.

우리 앞에 놓인 많은 문제의 정답은 '하나님께 돌아가는 것'입니다. 신앙은 끊임없는 줄다리기입니다. 나는 '하나님 필요 없어'라고 생각하지만 하나님은 "너에게는 내가 있어야 돼"라고 말씀하십니다. 우리는 하나님을 우리 삶의 일부로 생각하지만 하나님은 "나는 너의 전부였으면 좋겠어"라고 생각하십니다. 이것이 끊임없는 하나님의 초청입니다. 우리는 몸과 마음을 하나님께로 돌이켜야 합니다.

나와 함께 살자

하나님이 우리에게 원하셨던 또 하나의 고백을 들어봅시다.

> 여호와께서 이틀 후에 우리를 살리시며 셋째 날에 우리를 일으키시리니 우리가 그의 앞에서 살리라(호 6:2).

지금 이 고백은 이스라엘 백성의 입에서 나온 말이라기보다는 하나님이 원하시는 고백입니다. 이 말씀에서 하나님이 살짝 알려주신 위대한 신앙적 삶의 원리를 봅니다. '하나님 앞에서 사는 것'입니다.

어떤 사람이 이렇게 고백할 수 있습니까? 이것은 삶에 있어 진정한 가치를 발견한 자의 외침입니다. 모세는 어떻게 이것을 발견했는지 바로의 공주의 아들 자리를 거절했습니다. 그리고 하나님의 백성과 함께 고난당하는 것을 잠시 죄악의 낙을 누리는 것보다 더 좋아했다고 합니다. 사실 우리는 하나님을 믿으면서도 어쩌면 세상에 마음을 두고 있는지도 모릅니다. 주님을 따라가기는 하지만 어쩌면 아직도 세상을 더 좋아할 수도 있습니다. 모세는 그리스도 안에서 사는 것, 그리스도를 위해 받는 수

모를 애굽의 모든 금은보화보다 더 큰 재물로 여겼습니다.

> 믿음으로 모세는 장성하여 바로의 공주의 아들이라 칭함 받기
> 를 거절하고 도리어 하나님의 백성과 함께 고난받기를 잠시 죄
> 악의 낙을 누리는 것보다 더 좋아하고 그리스도를 위하여 받는
> 수모를 애굽의 모든 보화보다 더 큰 재물로 여겼으니 이는 상 주
> 심을 바라봄이라(히 11:24~26).

하나님이면 충분하다는 것입니다. 하나님을 믿긴 믿지만 무
언가 부족한 듯 믿는 것은 온전한 믿음이 아닙니다.

시편 기자는 "주의 궁정에서의 한 날이 다른 곳에서의 천 날
보다 나은즉 악인의 장막에 사는 것보다 내 하나님의 성전 문지
기로 있는 것이 좋사오니"(시 84:10)라고 선포했습니다. 하나님
없이 천 날을 사는 것보다 주님과 함께 한 날 사는 것이 가치가
있다는 것이요, 하나님 없이 수십억짜리 집에 사는 것보다 오두
막에 살아도 하나님과 함께 사는 것이 가치 있다는 것입니다. 이
러한 고백은 내 삶을 책임져주시는 하나님을 절대적으로 믿는
믿음입니다.

호세아서 6장 2절 말씀처럼 "여호와께서 이틀 후에 나를 살리실 거야. 사흘 후에 우리를 일으키실 거야"라고 믿는다면 그리스도인이 사는 원리는 무엇이라 할 수 있습니까? 오늘을 사는 것입니다. 여러분의 이틀 후, 사흘 후는 하나님께 있음을 믿으시길 바랍니다. 우리는 오늘만 열심히 살면 됩니다. 하나님이 우리에게 맡기신 것은 오늘입니다. 성경은 내일 일을 염려하지 말라 말씀하십니다.

내일 일을 위하여 염려하지 말라 내일 일은 내일이 염려할 것이요 한 날의 괴로움은 그날로 족하니라(마 6:34).

우리의 내일은 하나님께 맡기면 됩니다. 내가 내일에 대하여 계획도 세워보고 꿈도 꿔보지만, 내일 일은 내 것이 아닙니다. 역사를 보면 그렇게 내일을 꿈꿨던 사람들이 한순간 잠자리에서 일어나지 못한 경우가 얼마나 많습니까? 우리는 가끔 "그 사람 좀 더 살았더라면… 그 사람 좀 더 건강했더라면…" 하고 아쉬움을 토로해보지만 사실은 그게 인생의 비밀입니다. 우리에게 주어진 것은 오늘이라는 것입니다. 하나님은 우리가 내일 일은 여호와께 맡기고 하나님 앞에서 믿음으로 오늘을 살기를 원하십니다.

내 마음을 알아다오

하나님이 이스라엘 백성들에게 기대하신 세 번째 신앙적 선포는 무엇입니까? "우리가 여호와를 알자. 힘써 여호와를 알자." 이 말은 하나님을 경험해보자는 말입니다. 내일 염려는 하나님께 맡기고 삶 속에서 하나님을 경험하여 만나보자는 것입니다.

저는 인생을 많이 살지는 않았지만 배운 것이 있습니다. 내게 다가오는 모든 문제가 금방 나를 죽일 것 같아도 '다 지나간다'는 것입니다. 그저 견딘 것밖에 없는데 또 한 번 이기게 하신 하나님을 배운 것입니다. 모든 문제는 지나갑니다. 내게 있는 사건이나 어려움은 하나님을 경험하게 하는 축복입니다.

왜 하루하루 살면서 만나는 사건 안에서 간증이 없습니까? 하나님의 방법으로 극복해야 하는데 인간적 방법으로 극복하기 때문입니다. 이스라엘 백성들이 요단을 건너면서 기념비를 세울 열두 돌을 취한 것처럼 우리는 모든 사건 앞에서 간증거리를 찾아내야 합니다.

그런데 하나님을 아는 것은 저절로 되는 것이 아닙니다. 인간 적인 생각을 극복하고, 힘쓰고 애쓰고 인내하여 하나님을 경험 하는 것입니다. 어떤 문제를 만났을 때, 그 문제를 극복하는 것 은 물론 힘든 일입니다. 그러나 그보다는 그 문제 속에서 하나님 을 경험하는 것이 더 힘듭니다. 그런데 냉정하게 따져보면 내가 잘해서 문제를 극복했습니까? 내게 지혜가 있어서 극복했습니 까? 사실 뛰어다녀보고 애써보긴 했지만 내가 해결한 것은 아닙 니다. 저는 제게 있는 모든 어려움은 해결을 전제로 다가오는 것 임을 굳게 믿습니다. 그래서 자식을 돌보는 것이나 가정을 지키 는 것, 사업장의 어려움은 내 능력이나 재주 밖에 있습니다.

목회하는 것도 어떨 때는 줄타기하는 것 같습니다. 지금까지 줄 위에 있는 것은 줄을 잘 탄 것이 아니라 안 떨어졌기 때문입 니다. 중요한 것은 모든 어려움과 문제 앞에서 하나님을 붙잡고 하나님을 경험하는 것입니다.

'힘써 여호와를 알자'는 것은 서로를 향한 믿음의 격려입니 다. 주위 사람들에게 "믿음으로 살아. 이번 일 속에서 하나님 만 날 거야"라고 말하며 격려해주십시오. 모든 신앙적 삶은 힘쓰고 애쓰는 곳에서 신앙의 열매를 맺는 것입니다.

> 그러므로 우리가 여호와를 알자 힘써 여호와를 알자 그의 나타
> 나심은 새벽 빛같이 어김없나니 비와 같이, 땅을 적시는 늦은 비
> 와 같이 우리에게 임하시리라 하니라(호 6:3).

하나님은 정확하신 분입니다. 우리가 생각할 때는 하나님이
더디 오시는 것 같습니다. 그런데 성경에서는 하나님이 새벽 빛
같이 어김없이, 그리고 땅을 적시는 늦은 비와 같이 우리에게 임
하신다고 합니다. 그만큼 하나님은 정확하시다는 것입니다.

아이들과 어딘가를 가보면 이런 경우가 종종 있습니다. "얘들
아, 지금부터 세 시간 걸린다." 그러면 아이들이 떠난 지 30분도
안 되어서 묻습니다. "아빠, 몇 시에 도착해? 얼마나 남았어?"

마찬가지로 우리가 생각할 때는 하나님이 더디신 것 같아도
하나님은 정확하십니다. 또한 하나님은 적절하신 분이기도 합
니다. 땅을 적시는 늦은 비와 같이 우리에게 임하신다는 것은 필
요할 때에 필요한 방법으로 우리에게 임하시고 능력이 되어주
신다는 것입니다.

하나님이 우리를 절대 포기하지 않으시니, 어려움 앞에서 원망하거나 불평하지 말고 모든 염려를 하나님께 맡긴 채 믿음으로 하나님을 경험할 수 있기를 바랍니다.

하나님마음 이해하기

1. 세상 속에서 방황하고 있는 우리가 회복될 수 있는 방법
   은 무엇일까요?

2. 당신에게는 하나님만으로 충분하다는 고백을 할 수 있는
   믿음이 있습니까?

3. 눈앞에 닥친 문제를 혼자서 해결하려고 발을 동동 구른
   적이 있습니까?

4. 당신은 하나님이 모든 문제의 해결자이심을 믿습니까?

5. 처음에는 문제가 더디게 해결되는 것 같았지만 지나고 보
   니 하나님께서 적절한 때에 정확하게 해결해주셨음을 경
   험한 적이 있습니까?

--- ∞ 오늘을 위한 기도 ∞ ---

하나님, 오늘 저를 쓰러트리는 문제들이 있습니다. 그 문제들 때
문에 내일 일이 걱정되고 앞이 깜깜하여 잠을 이루기도 힘듭니
다. 성경에서는 하나님이 나의 모든 문제를 해결해주실 거라고
말합니다. 솔직히 아직은 그 말씀을 온전히 믿지 못하겠습니다.
모든 문제의 해결자 되시는 하나님을 경험할 수 있게 하소서. 어
떤 상황에서도 나를 포기하지 않으시는 하나님을 믿게 하소서.

이스라엘의 교만은 그 얼굴에 드러났나니
그들이 이 모든 일을 당하여도
그들의 하나님 여호와께로 돌아오지 아니하며 구하지 아니하도다

호 7:10

07

이스라엘에 대한
하나님의 진단

하나님을 속일 수 있다고 생각하십니까? 하나님 앞에서 무엇이든 숨길 수 있다고 생각하십니까? 하나님은 이스라엘이 "우리가 여호와께로 돌아가자", "우리가 그 앞에서 살리라", "그러므로 여호와를 알자, 힘써 여호와를 알자"라고 고백하길 원하셨습니다. 하지만 안타깝게도 그들은 하나님이 원하시는 고백은 둘째치고 자신의 상태마저 정확하게 인식하지 못할 정도로 무너져 있었습니다. 하나님은 이미 그들의 죄를 낱낱이 파악하고 헤아리셨습니다.

이제 하나님은 이스라엘을 향하여 청진기를 대십니다. 그들

의 죄를 파악하기 위해서가 아니라 그들이 자신의 죄를 스스로
깨달아 의사 되신 하나님 앞에 고백하기를 기다리기 위해서입
니다.

자신의 죄를 고백하라

영적 치료는 언제나 "나는 죄인이로소이다" 하는 자기 고백에
서 시작됩니다. 사도 바울은 "나는 죄인 중에 괴수라"고 고백했
습니다. 그런 고백은 어떤 사람이 할 수 있는 것일까요? 성경은
이렇게 말합니다. "죄가 더한 곳에 은혜가 더욱 넘쳤나니"(롬
5:20). 이 말씀의 뜻은 자신에 대해서 죄인이라고 느끼는 것만큼
비례해서 은혜가 있다는 것입니다. 나 자신에 대하여 큰 죄인이
라고 느끼는 만큼 상대적으로 이 죄인을 용서하기 위한 하나님
의 은혜를 덧입기 때문입니다.

　따라서 나는 죄인 중에 괴수라 고백한 사도 바울은 남보다 더
큰 죄를 지은 사람이 아니라 하나님의 영광과 하나님의 은혜의
보좌에 가까이 가서 그 영광의 광채에 자신을 비춰본 사람인 것
입니다.

저도 말씀을 듣고 기도하는 중에 하나님이 순간적으로 만지심을 느꼈습니다. 그러면서 "나는 죄인이야"라는 것을 깨달았습니다. 이미 나는 죄인이라는 사실을 배웠고, 들어서 알고 있었지만 하나님의 방법으로 만져지는 순간 밤이 되도록 눈물이 그치지 않았고, 석 달 동안은 거의 잠 한숨 자지 못했고, 길을 걸어가거나 일을 하면서도 눈물을 쏟고 또 쏟았습니다.

듣고 배워서 자기 죄를 인식하는 것도 중요합니다. 그러나 하나님의 영적 만지심 속에 '내가 죄인이구나' 하는 것을 느끼고 영적인 거울로 나를 비춰보는 것은 소중한 경험이 됩니다. 영적인 질병뿐만 아니라 육적인 문제에서 치료의 원리 제1단계는 자신의 죄를 인정하는 것입니다.

치료의 하나님은 아담에게 물으셨습니다. "네가 그 나무의 실과를 먹었느냐?" 몰라서 물으신 것이 아닙니다. 치료의 하나님은 아이성 정복 실패의 원인 제공자인 아간에게 반복해서 기회를 주셨습니다. 놀랍게도 성경에서 죄의 대가를 지불한 사람들 중에는 다른 사람보다 더 큰 죄를 짓거나 더 많은 죄를 지어서가 아니라 하나님이 주신 기회 앞에 고백의 기회를 놓친 사람들이 많습니다. 자신의 죄를 고백해야 할 때 핑계와 자기 변명으로 일관하는 것은 영적 질병의 특징입니다.

아담은 선악과를 먹은 것도 어리석었지만 하나님이 주신 기회 앞에 죄를 고백하지 않고 상황만 이야기한 것이 더 어리석었습니다. 하나님이 찾아오셔서 "아담아, 네가 어디 있느냐?" 하고 물으시자 그는 "벗었으므로 숨었나이다"라고 대답했습니다. 그리고 이어서 하나님이 말씀하십니다. "누가 너더러 벗었음을 고하였느냐? 내가 너더러 먹지 말라 한 실과를 먹었느냐?" "먹긴 먹었는데 하나님이 주신 여자가 먹으라 해서 먹었나이다." 성경에는 간단하게 기록되었지만 틀림없이 하나님께서는 아담에게 고백할 수 있는 충분한 여유를 주셨을 것입니다. 그러나 아담은 거듭 변명했습니다.

하나님께서 반복해서 질문하신 것은 변명이나 자기 합리화가 아니라 "예, 하나님! 제가 그만 먹고 말았습니다. 용서해주세요. 이제 어찌 해야 합니까?"라는 고백을 듣기 위함이었습니다.

아간도 아담과 마찬가지 실수를 했습니다. 그는 여리고성을 정복하면서 그만 욕심을 내어 하나님의 명령을 어기고 물건을 취하고 맙니다. 하나님은 진노하여 이스라엘 백성들이 가볍게 생각했던 아이성 앞에서 처절한 패배를 맛보게 하십니다.

여호수아가 가슴을 쥐어뜯으며 통곡합니다. "여호와여, 어떻게 이런 일이 있을 수 있습니까?" 이때 하나님은 "아간이 문제를 일으키지 않았느냐?"라고 말씀하시지 않습니다. 여리고성을 정복할 때 금하였던 물건에 손댄 자가 있으니 그를 제비뽑아 찾아내라고 하십니다. 당장 찾으라는 것이 아니라 하루의 시간을 주십니다.

여호수아는 백성들을 모아놓고 "백성들이여, 우리에게 죄가 있었습니다. 우리 중 누군가가 여리고성 정복 가운데 작은 것을 욕심 냄으로 우리가 이렇게 엄청난 대가를 지불해야 했습니다. 여러분 그 원인 제공자가 누구인지 내일 하나님께서 찾으실 텐데 오늘 각자 스스로 성결케 하시오"라고 말했습니다.

하나님이 주신 하루의 시간 동안 아간은 자신의 죄를 뉘우치고 고백할 수도 있었습니다. 하지만 그는 끝내 자신의 죄를 숨깁니다. 죄를 지은 사람이 금방 자기 고백을 하게 되나요? 실수하여 죄를 지으면 얼른 고백할 수 있습니다. 그러나 간교한 사단의 계략은 죄만 짓게 하는 것이 아니라 고백마저도 못하게 합니다. 그리고 자신이 지은 죄는 큰 죄가 아니라고 축소시킵니다. 하지만 하나님의 은혜의 눈으로 보면 작은 죄를 짓고도 깊게 뉘우치며 무릎 꿇고 회개하게 됩니다.

우리가 인정하지 않는다고 해서 있던 문제가 없어집니까? 죄
지은 사람이 스스로 죄인이라고 느끼지 않는다고 해서 그만큼
거룩하고 깨끗하고 당당할 수 있습니까? 아닙니다. 모든 질병은
자기를 인식하는 데서 치료가 시작되는 것입니다.

내가 이스라엘을 치료하려 할 때에 에브라임의 죄와 사마리아
의 악이 드러나도다(호 7:1).

치료를 위해 하나님이 손을 대시자 숨어 있던 질병들이 쏟아
져 나옵니다. 성경에서는 하나님의 진단 가운데 보이는 이스라
엘의 상태를 "달궈진 화덕 같은 이스라엘", "뒤집지 않은 전병 같
은 이스라엘", "어리석은 비둘기 같은 이스라엘", "속이는 활과
같은 이스라엘"이라고 표현했습니다.

너는 달궈진 화덕이기에

> 그들은 다 간음하는 자라 과자 만드는 자에 의해 달궈진 화덕과
> 같도다 그가 반죽을 뭉침으로 발효되기까지만 불 일으키기를
> 그칠 뿐이니라 … 그들이 가까이 올 때에 그들의 마음은 간교하
> 여 화덕 같으니 그들의 분노는 밤새도록 자고 아침에 피우는 불
> 꽃 같도다(호 7:4, 6).

이미 달궈진 화덕, 계속해서 타오르고 있는 화덕에 빵 굽는
자가 손을 넣어 반죽된 가루를 붙일 수 있겠습니까? 달궈진 화
덕은 절정에 다다른 이스라엘 백성들의 욕망을 말합니다. 성경
은 이스라엘 백성을 달궈진 화덕이라 진단하면서 이렇게 표현
합니다. "그들은 다 간음하는 자라." 안타깝게도 그들의 풍요와
여유는 먼저 하나님을 향하게 한 것이 아니라 영적으로나 육적
으로 음행의 포로가 되게 했습니다. 온 나라가 음란의 소굴이 되
어버린 것입니다.

인간이 얼마나 어리석은지요? 하나님을 놓아버린 채 돈과 시
간, 건강이 있으면 뭔가 건설적인 일을 할 것 같다고 생각합니
다. 하지만 결국 추구하는 것이 음란입니다. 음란에 물든 것은

지금 이 땅도 마찬가지입니다. TV를 틀면 온갖 외설적인 영상들이 쏟아져 나옵니다. 아이들도 쉽게 그런 영상들을 접할 수 있다는 게 문제입니다.

음란의 영은 남녀노소, 사회적 지위를 불문하고 조심해야 합니다. 교회 안에서도 악하게 역사하는 것이 음란의 영입니다. 간혹 "나는 음란의 영에 미혹될 염려가 전혀 없어요"라고 말하는 사람도 있겠지만 성경의 진단은 정확합니다. "그가 반죽을 뭉침으로 발효되기까지만 불 일으키기를 그칠 뿐이니라"라는 말은 지금은 자기를 절제하는 것 같아도 언제든지 환경과 여건만 조성되면 다윗처럼 실수할 수 있다는 것입니다.

인간은 이미 내면에 죄성이 있습니다. 따라서 한번 미혹되는 것으로 끝나는 것이 아니라, 죄에 빠질 수 있는 기회는 끊임없이 다가옵니다. "그들이 가까이 올 때에 그들의 마음은 간교하여 화덕 같으니"라는 것은 이미 마음부터 불 일 듯하니 음행에 점령당해 있는 것입니다. 행동으로 죄를 짓지 않을 뿐이지 음행에 사로잡혀 있는 것입니다. 죄성은 내 안에서 흔적 없이 사라지는 것이 아니므로 마지막까지 삼가 자신을 살펴 눈물로 기도하며 싸워나가야 합니다.

그들이 다 화덕같이 뜨거워져서 그 재판장들을 삼키며 그들의
왕들을 다 엎드러지게 하며 그들 중에는 내게 부르짖는 자가 하
나도 없도다(호 7:7).

죄도 죄지만 고백하지 못하게 하고 부르짖지 못하게 하는 것
이 문제입니다. 기도하고 고백할 수 있으면 그 자체가 복입니다.
혹시 그릇 행하거든 하나님 앞에 통곡하며 고백하십시오.
　죄를 고백할 기회를 놓치면 그 죄가 우리를 어디로 끌고 갈지
모릅니다. 여러분의 몸과 생각을 죄악의 손아귀에 허락하지 마
십시오.

너는 뒤집지 않은 전병이기에

하나님이 청진기를 대어 이스라엘 백성의 죄성을 두 번째로 이
렇게 표현하십니다.

에브라임이 여러 민족 가운데에 혼합되니 그는 곧 뒤집지 않은
전병이로다(호 7:8).

혹시 부침개를 부치다가 깜빡해본 적이 있습니까? 알맞은 온도에서 잘 뒤집어줘야 골고루 익어 먹기가 좋을 텐데 뒤집지 않으면 한쪽은 타고 한쪽은 설익어 제대로 먹을 수 없습니다. 이스라엘 백성도 한쪽은 하나님의 사람인데 한쪽은 세상에 속해 있는 것입니다. 교회에서는 거룩한데 교회 문을 나서는 순간 거룩함을 던져버리는 것입니다. 그렇게 영적 능력을 상실하여 이방인에게 삼키웠습니다.

이방인들이 그의 힘을 삼켰으나 알지 못하고 백발이 무성할지라도 알지 못하는도다(호 7:9).

그런데 어리석은 이스라엘의 가장 큰 교만은 여호와께 돌아오지 않고 여호와를 구하지 않는다는 것입니다.

이스라엘의 교만은 그 얼굴에 드러났나니 그들이 이 모든 일을 당하여도 그들의 하나님 여호와께로 돌아오지 아니하며 구하지 아니하도다(호 7:10).

우리는 자신의 약함을 인정하고 머리를 조아려야 합니다. 교회 안에서나 세상에서나 하나님의 백성답게 살아야 합니다. 일상생활 속에서 신앙을 증명할 수 있어야 합니다.

너는 어리석은 비둘기 같기에

> 에브라임은 어리석은 비둘기같이 지혜가 없어서 애굽을 향하여 부르짖으며 앗수르로 가는도다(호 7:11).

어리석은 비둘기 같은 이스라엘은 주인이 누구인지도 모르고 먹을 것만 주면 아무에게나 가까이 갑니다. 그런데 신기한 것이 있습니다. 그렇게 방황해도 하나님을 부르지는 않습니다. 애굽에 가서는 아쉬운 소리를 해도 하나님 앞에서는 하지 않습니다. 앗수르에 가서는 도와달라고 하면서 하나님께는 도움을 요청하지 않습니다.

여러분은 사람에게 매달리는 것만큼 하나님을 부르고 있습니까? 세상과 씨름하는 것만큼 하나님을 찾고 있습니까? 오늘도 하나님은 우리에게 말씀하십니다. "너에게는 내가 있어야

해! 내게 오렴."

일찍이 하나님께서는 공회를 통해 이스라엘 백성에게 수없이 말씀을 들려주어 깨닫게 하셨습니다.

화 있을진저 그들이 나를 떠나 그릇 갔음이니라 패망할진저 그들이 내게 범죄하였음이니라 내가 그들을 건져주려 하나 그들이 나를 거슬러 거짓을 말하고 성심으로 나를 부르지 아니하였으며 오직 침상에서 슬피 부르짖으며 곡식과 새 포도주로 말미암아 모이며 나를 거역하는도다(호 7:13~14).

형식적으로는 하나님 앞에 와서 예배하지만 여전히 풍요와 쾌락에 마음을 빼앗겨 주인이 누구인지 모르고 헤매고 있습니다. 비둘기의 특징은 주인이 누구인지 모른다는 것입니다. 어리석은 이스라엘 백성들이 앗수르와 애굽에 가서 헤매면서 주인인 하나님을 부르지 않습니다. 이것을 보신 하나님은 마음이 아픕니다.

우리가 하나님을 부를 수 있는 것은 은혜요, 축복입니다. 우리는 하나님을 구하는 것을 맨 마지막으로 미룹니다. 언제든지 하나님 앞에 갈 수 있다고 생각합니다. 그러나 마지막에는 하나님을 구하려고 해도 구할 힘이 없습니다. 하나님 앞에 가야 함을 알지만 갈 힘이 없습니다. 그래서 하나님은 여호와를 만날 만한 때에 구하고 찾으라고 말씀하십니다. 돌아올 힘이 있을 때 돌아오고 부를 수 있을 때 부르라고 하십니다. 그런데 여러분은 도대체 언제까지 미룰 것입니까?

너의 화살은 어디를 향하는가

이스라엘을 향한 하나님의 네 번째 진단은 "활 같은 이스라엘"입니다. 화살은 활을 쏜 사람이 목표한 곳으로 날아가야 하지 않겠습니까? 그런데 목표물로 가지 않고 엉뚱한 데로 가는 것입니다. 하나님의 백성이 하나님을 구하지 않고 엉뚱한 애굽으로 가버립니다. 어리석은 이스라엘은 하나님이 속아주실 줄로 생각합니다.

하나님께서 우리에게 원하시는 것은 속이는 화살이 아니라 정확하게 날아가는 화살입니다. 하나님이 원하시는 방향대로 날아가는 화살 말입니다.

여러분은 지금 여러분이 원하는 방향과 방법에 매여 있지 않습니까? 우리가 하나님의 백성다움을 상실하면 결국 우리가 좋아하는 애굽, 세상에서마저 조롱거리가 될 것입니다. 세상은 절대 영원하지 않습니다. 그리고 세상은 우리에게서 이익을 취하고 나면 가차없이 외면합니다.

우리에게는 주님밖에 없음을 믿어야 합니다. 하나님께서는 지금 우리에게도 말씀의 청진기를 대십니다. 우리는 아담이나 아간처럼 고백의 기회를 놓치고 변명하거나 핑계를 대며 자기 합리화하지 말고 스스로의 죄를 솔직히 인정하고 고백해야 합니다.

하나님 마음 이해하기

1. 당신은 자신의 영적 상태를 정확히 파악하고 있습니까?

2. 당신은 병든 자기 영혼을 치유하기 위해 어떤 방법을 사용하고 있습니까?

3. 하나님의 심판이 두려워 죄를 짓고도 하나님을 속이려 한 적이 있습니까?

4. 하나님이 이스라엘 백성을 진단하신 내용을 자신의 삶에도 적용해봅시다. 이스라엘 백성 같았던 때가 있습니까?

5. 하나님의 영적 만지심을 통해 자신이 죄인임을 깊이 깨닫게 된 경험이 있습니까?

∽ 오늘을 위한 기도 ∽

주님께서 내게 일어나는 모든 일을 아신다는 것을 알면서도 때때로 하나님의 눈을 피해 죄를 짓고 몰래 덮으려고 했던 적이 있음을 인정합니다. 내 모든 죄를 용서하소서. 아무리 부끄럽고 큰 죄를 짓더라도 하나님께 고백하고 회개할 수 있는 용기를 주소서. 오늘 하루를 살면서 내가 모르고 짓는 죄들조차 잠들기 전에는 깨닫고 회개할 수 있게 영의 눈을 밝혀주소서.

이스라엘은 자기를 지으신 이를 잊어버리고 왕궁들을 세웠으며
유다는 견고한 성읍을 많이 쌓았으나
내가 그 성읍들에 불을 보내어 그 성들을 삼키게 하리라

호 8:14

08

하나님의
말씀 안에 거하라

어떤 이들은 만약 하나님께서 실수하신 것이 있다면 사람을 너무 똑똑하게 만든 것이라고 말합니다. 사람을 하나님의 형상대로 만드시지 않고 조금 덜 똑똑하게 만드셨다면 그들이 결코 주인을 나 몰라라 하지 않았을 것이라 합니다. 하나님께 있어 사람은 기대였고 기쁨이었고 감격이었는데, 그들은 어느 순간부터 하나님이 싫다고 합니다. 하나님이 불편하다는 것입니다. 하나님을 짐으로 느끼며 하나님 없이도 살 수 있다고 합니다. 여러분도 그렇게 살고 있지 않습니까? 여러분의 삶에서 하나님은 어느 곳에 위치하고 계십니까?

복 있는 사람이란

여러분도 성장하면서 어느 순간 부모님께 "이제 내가 알아서 할게요"라는 말을 한 적이 있지 않습니까? 여러분의 자녀가 그런 말을 한 적은 없습니까? 아직 성숙하지 못하여 자신의 삶을 결정하기에는 어리고 부족함이 많아 보이는 자녀가 그런 말을 할 때 부모 마음이 어떻습니까? 하나님의 마음도 같습니다. 하나님이 영으로 창조하시고 영원히 함께 교제하며 살자 하셨는데 우리가 "하나님 없어도 돼요"라고 말하며 하나님을 놓아버리면 그것으로 끝나는 것이 아닙니다. 혼자 똑똑한 척하던 사람들은 어느 순간 세상과 죄의 포로가 되어 철저하게 유린당하며 살게 됩니다.

> 복 있는 사람은 악인들의 꾀를 따르지 아니하며 죄인들의 길에 서지 아니하며 오만한 자들의 자리에 앉지 아니하고(시 1:1).

이 말씀을 통해 복 없는 사람은 악인의 꾀를 따르고, 죄인의 길에 서고, 오만한 자리에 앉는다는 것을 알 수 있습니다. 악인의 꾀를 따르지 않는다는 말은 삶의 방법의 문제이며, '악인'은 하나님이 없는 것처럼 사는 사람을 말합니다. 즉, 복 있는 사람은 하나님이 우리 삶을 주관하심을 알고 있는 사람입니다. 여러분은 복 있는 사람으로 살고 있습니까?

죄인의 길에 서지 않는다는 것은 삶의 목적의 문제입니다. 모든 길은 방향과 목적지가 있습니다. 여러분의 삶의 길은 하나님을 향해 있는지 생각해보십시오. 오만한 자의 자리에 앉지 않는다는 것은 삶의 정신의 문제입니다. 하나님이 앉아 계실 자리에 자신이 앉아 있는 것은 아닌지, 하나님을 중심이 아닌 가장자리로 밀어놓고 자신이 그 자리를 차지하고 있지는 않은지 생각해보십시오.

하나님을 떠나 세상으로 달려가면, 여러분이 얻고자 하는 세상의 것을 얻을 수 있을지는 몰라도 하나님이 주시고자 하는 것은 놓쳐버리게 됩니다. 또한 자신이 그렇게 갈망했던 세상의 것이 나중에 보면 아무것도 아님을 알게 될 것입니다.

가끔 남편과 아이를 버려두고 다른 남자를 따라 가출하는 여인들을 봅니다. 악한 영이 들어가면 한순간 판단력도 흐려지고 사랑하던 남편과 아이도 눈에 들어오지 않습니다. 이것이 죄의 특징입니다. 도박이나 여러 다른 중독도 마찬가지입니다. 내가 좋아하는 것을 스스로 선택했다고 여기지만, 사실은 잃어버린 것들이 얼마나 많은지 나중에 알게 될 것입니다. 일시적인 감정에 매이지 말고 이렇게 살아도 되는 것인지 스스로 판단해봐야 합니다. 그리고 그 기준은 항상 하나님의 말씀이 되어야 합니다.

하나님을 놓지 마라

이스라엘 백성은 어느 날부터 하나님을 모르는 것처럼 살았고, 그분을 놓아버렸습니다. 오직 자신들이 세운 견고한 성읍들이 자기를 지켜주고 영원히 행복하게 해줄 것으로 생각했습니다. 하나님의 능력보다 자신의 능력을 더 믿고 살게 되었습니다.

> 이스라엘은 자기를 지으신 이를 잊어버리고 왕궁들을 세웠으며 유다는 견고한 성읍을 많이 쌓았으나 내가 그 성읍들에 불을 보내어 그 성들을 삼키게 하리라(호 8:14).

이 성경구절에서 사용된 '잊어버리다'라는 단어는 히브리어로 '샤카크'입니다. 이 말은 그 대상을 완전히 잊어버린 것이 아니라 어딘가에 있지만 찾지 않는 것을 의미합니다.

> 나팔을 네 입에 댈지어다 원수가 독수리처럼 여호와의 집에 덮치리니 이는 그들이 내 언약을 어기며 내 율법을 범함이로다(호 8:1).

원래 하나님의 백성인 이스라엘에게는 어떤 사람에게도 주어지지 않았던 언약과 율법이 선물로 주어졌습니다. 언약과 율법이 무엇입니까? 하나님이 백성과의 관계를 형성하시며 주신 하나님의 약속입니다. 또한 하나님의 백성 된 자들에게 주신 선물이며, 하나님의 백성이 하나님의 백성다워지는 삶의 원리입니다. 그런데 이스라엘이 이 언약과 율법을 버렸으니, 이는 근본적으로 하나님을 부정하는 것입니다.

> 이스라엘이 이미 선을 버렸으니 원수가 그를 따를 것이라(호 8:3).

이스라엘이 버린 '선'은 일반적으로 생각하는 것처럼 '착하다(善)'는 것이 아닙니다. 그렇다면 '선'이 무엇인지 예를 들어 살펴봅시다. 예전에 사용하던 태엽 감는 시계 뒷면을 열어보면 크고 작은 태엽들이 들어 있습니다. 그중에는 오른쪽으로 도는 태엽도 있고 왼쪽으로 도는 태엽도 있습니다. 또 1분에 한 바퀴씩 도는 태엽도 있고 1시간에 한 바퀴씩 도는 태엽도 있습니다. 그것들은 각자 따로 움직이는 것 같지만 그 움직임의 목적은 딱 하나, 시간을 알리는 것입니다.

이처럼, 살다 보면 때때로 내 마음대로 안 되는 일들도 있고, 순조롭게 잘 풀리는 일들도 있겠지만 이 모든 것을 합하여 하나님께서 아름다운 일들을 이루어가시는 것을 바로 '선'이라고 합니다. 그런데 이스라엘 백성이 그 선을 버렸다는 것은 하나님을 거부하고 그들 스스로 삶을 만들어가겠다는 말입니다. 그들은 모든 것을 하나님의 뜻대로 이루어가시는 것이 싫어서 하나님의 언약과 율법도 버렸습니다.

여러분은 자신의 능력만으로도 충분히 삶을 잘 꾸려갈 수 있다고 생각합니까? 어떤 사람들은 하나님을 놓아버리는 것이 자신을 위하는 일이라고 믿지만 결국 그들의 인생은 파멸로 치닫게 될 것입니다.

그들이 왕들을 세웠으나 내게서 난 것이 아니며 그들이 지도자들을 세웠으나 내가 모르는 바이며 그들이 또 그 은, 금으로 자기를 위하여 우상을 만들었나니 결국은 파괴되고 말리라(호 8:4).

복 있는 사람은 오만한 자의 자리에 앉지 않는다고 했는데 그들은 하나님 대신 왕의 자리에 앉습니다. 하나님이 원하시는 모습으로 살지 않고 하나님께서 그들이 원하는 대로 해주시길 원하는 것입니다.

하나님이 우리의 걸음을 돌이키기 위하여 때로는 환경을 통해, 때로는 사람을 통해 끊임없이 말씀하신다는 것을 아십니까? "나는 네가 그렇게 살도록 내버려둘 수 없어. 널 포기할 수가 없단다."

그런데 우리는 종종 스스로 잘났다고 여기며 하나님의 뜻을 묻지 않고 삽니다. 자식이 부모에게 묻지도 않고 큰일을 덜컥 결정하면, 게다가 그것이 잘못된 결정이라면 부모 마음은 어떻겠습니까?

하나님은 단순히 우리가 그분께 묻지 않고 행했다는 것에 서운해하시지는 않습니다. 단지 우리가 하나님을 놓고 살면 어떻게 될지 알고 계시기 때문에 안타까워하며 우리의 발걸음을 돌리려고 하십니다.

하나님 안에 거하라

이스라엘 백성은 자기를 위하여 우상을 만들었습니다. 그것이 옳은 일이든 그른 일이든, 자신이 옳다고 생각하면 마음대로 행하는 것입니다.

몇 년 전, 새해 첫날 가정예배를 드리면서 아내에게 대표로 기도하라고 했습니다. 그러자 아내가 "하나님, 이제 올 한 해는 좋은 일에만 감사하는 것이 아니라 내 마음에 들지 않고 힘든 일이 생기더라도 기뻐하고 감사할 수 있게 해주세요"라고 기도하는데 제 눈에 그만 눈물이 핑 돌았습니다. 하나님을 알고 하나님의 뜻대로 사는 것이 최고의 축복입니다. 하나님을 버리고 떠난 사람들은 사단에게 매이기 때문입니다.

그들이 홀로 떨어진 들나귀처럼 앗수르로 갔고 에브라임이 값 주고 사랑하는 자들을 얻었도다(호 8:9).

부모들이 가끔 다음과 같은 일로 자녀들과 씨름을 합니다. 친구 집에서 놀던 아이가 묻습니다. "아빠, 나 여기서 자면 안 돼?" "안 돼! 들어와." 그러면 아이들은 걱정하는 부모 마음은 모른 채 부모를 원망하기도 합니다.

아내들이 찜질방에 모여 있다가 누군가가 "나 빨리 가야 돼. 신랑이 김치찌개 먹고 싶다고 했는데 벌써 신랑 올 때가 다 됐네"라고 하면 함께 있던 사람들 중에는 "너, 나이가 몇인데 아직도 신랑한테 매여 사냐?"라고 말하는 사람도 있을 것입니다. 하지만 우선은 자유로운 게 복인 것 같아도 신랑을 위해 무언가 해줄 수 있다는 게 훨씬 복된 것임을 나중에 알게 될 것입니다.

어디에도 매이지 않고 간섭받지 않으며 제멋대로 살아가는 사람이 부럽습니까? 자신을 걱정하는 가족이 있다는 것, 온종일 일과 씨름을 하다가도 저녁이면 돌아갈 가정이 있다는 것이 행복하다는 것을 알아야 합니다.

지금 당장은 하나님 말씀대로 사는 것이 불편하고 귀찮다고 생각될 수도 있습니다. 세상의 방식대로 살던 것이 몸에 배여 있어 쉽게 고치기 힘들 것입니다. 하지만 조금씩 자신을 변화시키며 하나님의 말씀대로 살고 하나님의 사랑 안에 거하는 것이 얼마나 복된 일인지를 알아야 합니다.

하나님의 백성들은 하나님을 떠나 세상에 가도 세상에서 결코 환영받지 못합니다. "나는 하나님을 떠나서는 안 될 사람이야. 나는 누구보다 말씀대로 살아야 할 사람이야"라고 자신의 정체성을 정의해야 합니다.

예수 믿고 사는 것보다 세상에서 사는 것이 훨씬 쉬워 보입니까? 세상을 기쁘게 하고 세상 사람들과 어울려 살면 돈이 있어야 합니다. 얼마나 대가를 지불해야 하는지 아십니까? 세상은 실력 없고 가진 것 없으면 환영하지 않습니다. 빈손으로 가더라도 즐거워하시는 분은 주님밖에 없습니다. 아버지의 뜻을 좇아 살다 보면 아프고 힘든 날도 있겠지만 그것이 영원히 사는 길임을 믿으십시오.

우리를 절대로 놓지 않으시는 하나님, 우리가 밀어내도 언제나 함께하시는 하나님, 우리가 등 돌려도 끝까지 참고 기다리시는 하나님을 믿으십시오. 세상을 향하던 발길을 돌려 하나님 앞으로 나아가십시오.

자신의 편의보다 하나님을 중시하라

교회 내에서 일어나는 일에 대해 가끔 화가 날 때도 있지 않습니까? 그럴 때는 그 일이 하나님 마음에 들지 않을 일이라서 화가 납니까, 내 마음에 들지 않는 일이라서 화가 납니까?

어떤 명분을 대더라도 가만히 생각해보면 자신의 마음에 들지 않고 용납할 수 없는 일이라서 화가 난다는 것을 알 수 있을 것입니다. 스스로의 울타리 안에 갇힌 것입니다. 우리 안에는 사단이 숨어 있습니다. 그래서 자신이 생각하고 경험한 것이 최고라고 착각하게 합니다. 영성이 무너진 이스라엘에 거짓 제단이 많아진 것도 그런 이유입니다.

에브라임은 죄를 위하여 제단을 많이 만들더니 그 제단이 그에게 범죄하게 하는 것이 되었도다(호 8:11).

예배와 제사가 많아진 것이 아니라 제단이 많아진 것은 무슨 의미입니까? 당시 이스라엘이 공식적으로 예배하던 곳은 예루살렘입니다. 그런데 예루살렘에서 멀리 떨어진 북쪽 사람들에게는 여간 불편한 것이 아닙니다. 그래서 예루살렘에 가지 않고 예배 드리는 방법을 모색한 것입니다. 하나님은 어디에나 계시는 분이라고 하며 곳곳에 제단을 만들기 시작했습니다. 하나님보다 자신의 편의가 우선이 된 것입니다.

이에 대해 성경은 그들이 여호와를 위하여 제단을 만들었다고 하지만 실상은 죄를 위하여, 자기 자신을 위하여 제단을 만든 것입니다. 하나님 앞에 드리는 복된 예배가 아니라 죄를 위한 예배가 된 것입니다.

> 내가 그를 위하여 내 율법을 만 가지로 기록하였으나 그들은 이상한 것으로 여기도다(호 8:12).

율법을 이마에 새기고, 하나님의 말씀을 두려워할 줄 알고, 늘 하나님 말씀을 사모하며, 말씀을 삶의 기준으로 삼아야 할 그들의 삶이 무너진 것입니다.

하나님이 기뻐하실 일을 고민하라

그들이 내게 고기를 제물로 드리고 먹을지라도 여호와는 그것을 기뻐하지 아니하고 이제 그들의 죄악을 기억하여 그 죄를 벌하리니 그들은 애굽으로 다시 가리라(호 8:13).

이스라엘 백성이 자기 마음대로 제단을 만들고는 하나님이 혼내면 어떻게 하나 걱정합니다. 자신이 잘못했다는 것을 알고 있으므로 두려움을 느끼는 것입니다. 엉뚱한 곳에서 죄를 짓고는 하나님께 혼날까 봐 더욱 열심히 예배드리고 헌금도 냅니다.

아무리 헌금 많이 내고 새벽기도 안 빠지고 교회 봉사 열심히 해도, 하나님의 뜻대로 살지 않고 심지어 그분이 금한 일을 행한다면 신앙생활을 제대로 하는 것이 아닙니다. 삶이 무너진 사역은 사역이 아닙니다. 하나님의 일은 내가 돕지 않아도 하나님 스스로 하십니다. 그런데도 마치 자신이 일을 많이 해서 하나님의 수고를 덜어드린 것처럼 자랑하면 안 됩니다.

어느 교회에서는 장로님 한 분이 시험이 들어서 예배 광고시간에 나오더니 마이크를 잡고 이렇게 이야기했다고 합니다. "목사님, 성도님들! 다음 주부터 저 교회에 안 나옵니다. 제가 지금까지 하나님 앞에 드린 헌금 내역서를 뽑아왔으니 내일까지 저에게 돌려주시길 바랍니다. 제가 앞으로 다닐 교회에 헌금으로 내려고 하니 꼭 주십시오."

　자신이 교회에서 일 많이 한다고 우쭐해하거나 헌금 많이 낸다고 큰소리치지 마십시오. 하나님 말씀대로 살지도 않으면서 하나님 일을 많이 한다고 자신을 내세우기 전에, 하나님이 기뻐하실 일이 무엇인지부터 생각해봐야 합니다.

하나님 마음 이해하기

1. 당신은 하나님이 안 계신 것처럼 산 적이 있나요?

2. 하나님 말씀대로 사는 것이 갑갑하여 내 마음대로 살겠다고 생각한 적이 있나요? 그 후에 삶이 더 행복해졌나요?

3. 다른 사람들 앞에서 자신이 헌금을 더 많이 낸다거나 교회 봉사를 더 열심히 한다고 자랑한 적은 없나요?

4. 자신의 행동을 억지로 합리화하며 하나님의 말씀을 어긴 적은 없나요?

5. 하나님은 어떤 예배를 기쁘게 받으실까요? 어떻게 살아야 하나님이 기뻐하실까요?

∽∽ 오늘을 위한 기도 ∽∽

하나님, 그동안 어리석게도 하나님을 떠나 제 마음대로 살겠다고 생각한 적이 얼마나 많았는지 새삼 돌아봅니다. 대놓고 하나님의 말씀을 거부한 적은 없다 해도, 하나님의 말씀을 온전히 받아들이지 않고 제가 편한 대로 해석하여 하나님이 기뻐하시지 않을 일을 한 적은 또 얼마나 많은지요. 그 모든 죄를 고백하오니 용서하옵소서.

옛적에 내가 이스라엘을 만나기를 광야에서 포도를 만남 같이 하였으며
너희 조상들을 보기를 무화과나무에서 처음 맺힌 첫 열매를 봄 같이 하였거늘
그들이 바알브올에 가서 부끄러운 우상에게 몸을 드림으로
저희가 사랑하는 우상 같이 가증하여졌도다

호 9:10

09

하나님의
기대와 심판

처음 이스라엘을 향한 하나님의 기대는 엄청났습니다. 많은 나라 중 가장 작고 연약한 이스라엘을 선택하신 하나님은 농부가 나무를 심어 좋은 열매를 기다리듯 이스라엘을 기대하며 꿈꾸셨고, 그분의 섭리를 이루어가실 계획을 세우셨습니다. 그러나 이스라엘은 그런 하나님의 은혜와 사랑을 받았으면서도 세상 사람들과 똑같은 열매를 맺었습니다.

옛적에 내가 이스라엘을 만나기를 광야에서 포도를 만남같이 하였으며 너희 조상들을 보기를 무화과나무에서 처음 맺힌 첫 열매를 봄 같이 하였거늘 그들이 바알브올에 가서 부끄러운 우상에게 몸을 드림으로 저희가 사랑하는 우상같이 가증하여졌도다(호 9:10).

하나님께서 이스라엘을 선택하여 백성 삼으셨을 때의 기쁨이 어떻게 표현되어 있습니까? 광야에서 포도를 만난 것과 같다고 했습니다. 광야는 물이 없고 희망이 없는 곳입니다. 살아 있는 식물도 거의 없고, 있어봤자 말라 비틀어진 가시떨기 정도 있을 뿐입니다. 이렇게 거친 광야에서 전혀 기대하지도 않았는데 열매가 주렁주렁 맺혀 있는 포도나무를 만난다면 얼마나 큰 감격이겠습니까? 이것은 단순한 포도 열매가 아닙니다. 탐스럽게 맺혀 있는 포도를 통해 희망과 소망을 보게 되는 것입니다.

또한 이스라엘을 향한 하나님의 기쁨은 무화과나무에서 처음 맺힌 열매를 보는 것과 같다고 했습니다. 무화과나무는 심겨진 후 5~6년이 지난 후에 첫 열매를 맺게 된다고 합니다. 농부가 정성껏 보살피고 인내하며 기다리다가 첫 열매를 보는 마음이 얼마나 감동스럽겠습니까? 그 열매가 온전히 익으면 조심스럽게 따서 온 가족에게 자랑하고 싶지 않겠습니까?

우리를 보시는 하나님의 마음도 그러합니다. 하나님은 이스라엘을 심고 열매를 기다리셨습니다. 이스라엘은 하나님의 비전이요, 하나님의 기대요, 하나님의 섭리였습니다. 하나님은 그들을 통하여 온 인류에 대한 그림을 그리신 것입니다.

이스라엘 백성이 이렇게 하나님의 사랑의 대상이 된 것은 특별한 자격이 있어서도, 그들이 잘나거나 잠재된 가능성이 있어서도 아닙니다. 하나님이 그저 그들을 사랑하시기로 작정하신 것입니다.

우리가 아직 죄인 되었을 때에 그리스도께서 우리를 위하여 죽으심으로 하나님께서 우리에 대한 자기의 사랑을 확증하셨느니라(롬 5:8).

하나님이 우리에게 주시는 사랑은 이처럼 조건이 없습니다. 우리가 보잘것없는 죄인이었을 때 하나님은 우리에게 사랑을 주셨습니다. 그리고 그 사랑은 영원까지 이어지는 사랑입니다.

언젠가 기도하면서 저 자신이 미웠습니다. 감정 조절도 하지 못하고 너무도 쉽게 흔들리는 모습이 마음에 들지 않았습니다. '왜 이것밖에 안 되나?' 생각하며 하나님 앞에서 금식하고 울었습니다.

그러자 하나님이 이렇게 말씀하셨습니다. "나는 네가 죄인이었을 때 너를 불렀다. 뿐만 아니라 네가 얼마나 쉽게 흔들리고 무너지는 사람인지 알고도 내 백성, 내 종으로 삼은 거야. 자기 연민에 빠지지 마라. 약하니까 나 여호와를 더 의지해야지. 약하다고 무너지는 것은 내가 원하는 게 아니다."

우리는 약하고 부족할 수 있습니다. 다른 이에게 손가락질을 당할 수도 있습니다. 그러나 약하다고 무너지면 안 됩니다. 약하기에 더욱 하나님을 바라보고, 쓰러지면 다시 일어나서 더욱 세게 하나님을 붙들어야 합니다.

> 의를 따르며 여호와를 찾아 구하는 너희는 내게 들을지어다 너희를 떠낸 반석과 너희를 파낸 우묵한 구덩이를 생각하여 보라 (사 51:1).

하나님께서 이스라엘을 그 험한 곳에서 곱게 떠서 옮겨 심으셨습니다. 하나님은 죄와 세상에 철저하게 길들여져 있던 이스라엘을 그분의 백성으로 삼으셨습니다.

하나님께서 여러분을 곱게 떠내어 옮겨 심으셨다면 여러분을 파낸 그 웅덩이는 무엇입니까? 혹시 간음한 여인의 모습은 아닙니까? 남편을 다섯 번 바꾼 여인의 모습은 아닙니까? 세상에서 멸시받던 세리 삭개오의 모습은 아닙니까? 예수님을 배반하고 저주한 제자의 모습은 아닙니까? 그러한 모습이라도 하나님께서 은혜와 사랑을 베푸셨으니, 어떻게 살아야겠습니까? 하나님의 은혜에 감사하고 감격하며 마땅히 하나님을 사랑해야 하지 않겠습니까? 물론 하나님의 사랑은 무조건적 사랑입니다. 우리의 모습이 어떠하든 하나님의 사랑은 변하지 않습니다. 그러나 하나님은 사랑하는 만큼이나 우리에게 기대하십니다. 사랑하기 때문에 더욱 기대하시는 것입니다.

그리스도인은 만들어지는 것이 아니라 자라는 것입니다. 어린아이가 부족한 것은 덜 만들어졌기 때문이 아니라 어리기 때문입니다. 주님은 우리가 그리스도의 분량만큼 자라길 원하십니다. 또한 그분이 우리에게 주신 사랑만큼 우리에게도 사랑을 원하십니다. 그런데 그런 하나님의 기대와 달리 어리석은 이스라엘 백성이 타락해버렸습니다.

예배의 타락

이스라엘아 너는 이방 사람처럼 기뻐 뛰놀지 말라 네가 음행하여 네 하나님을 떠나고 각 타작 마당에서 음행의 값을 좋아하였느니라(호 9:1).

가장 감사해야 할 곳, 하나님의 은혜를 가장 크게 노래해야 할 타작마당에서 그들이 음란한 이방인의 풍년 제사를 드리며 무너졌습니다. 예배가 타락한 것입니다. 하나님께 감사하고 위로부터 오는 하나님의 은혜를 기대하는 것이 아니라 바알의 풍요에 마음을 빼앗겨버린 것입니다.

또한 그들은 기뻐 뛰놀며 자기 즐거움, 자기 만족에 취해버렸습니다. 예배의 기본은 하나님께 영광 돌리는 것입니다. 오직 하나님이어야 합니다. 그런데 이스라엘은 그 사실을 잊었습니다.

원래 이스라엘 백성이 타작마당에서 제사를 드리는 것은 절기와 관계가 있습니다. 이스라엘 백성이라면 반드시 지켜야 하는 3대 절기가 있습니다. 무교절과 함께 지켜야 하는 유월절, 맥추절이라 불리는 오순절, 추수감사절로 지키는 초막절입니다.

이 세 절기는 이스라엘 백성들이 받은 구원과 관계가 있습니다. 유월절은 이스라엘 백성을 애굽에서 구원해내신 하나님의 은혜를 기억하는 절기요, 오순절은 시내산에서 십계명 율법을 받은 것을 기념하는 절기요, 초막절은 이스라엘 백성을 광야에서 40년 동안 돌보시고 구원하셨음을 기억하는 절기입니다.

그런데 타락한 이스라엘 백성들의 예배에서는 구원의 감격과 은혜가 사라졌습니다. 더 무서운 것은 그들이 하나님을 찬양한다고 말하면서도 실상은 하나님이 없는 예배를 드렸다는 사실입니다.

오늘날 교회들도 조심해야 할 모습입니다. 교회가 조명이나 음악 등으로 화려해지기 시작하면서 사람의 눈과 귀를 만족시키고 있습니다. 이것이 하나님의 은혜라고 이야기하지만, 젊은 이들이 펄쩍펄쩍 뛰노는 콘서트장의 모습과 어쩌면 다를 바 없는 모습입니다. 그 안에 과연 하나님이 계신지를 생각해봐야 합니다.

예배 중에 분명히 기억해야 할 것은 우리 모두가 하나님 앞에 있다는 것입니다. 설교를 들을 때도 목사에게서 나오는 것만을 기다려서는 안 됩니다. 하나님을 기다려야 합니다. 교회에서 목회자만 바라보면 시험 드는 일이 생길 수도 있습니다. 목회자를 우상시 여기는 것도 문제가 될 수 있고, 어쩌다 목회자가 죄를 지을 경우 그로 인해 실족하는 성도들이 많이 생기는 것도 문제입니다.

목회자도 사람이기에 완전할 수 없습니다. 죄를 지을 수도 있습니다. 그런데 목회자가 완전하지 않은 것을 두고 하나님이 완전하지 않은 것처럼 착각해서는 안 됩니다. 어떠한 경우든 전능하고 완전하신 하나님을 먼저 생각하고, 그분만을 바라보며 영광 돌릴 수 있는 예배가 되어야 합니다.

삶의 타락

예배의 타락은 곧 삶의 타락으로 이어집니다.

그들은 기브아의 시대와 같이 심히 부패한지라 여호와께서 그

악을 기억하시고 그 죄를 벌하시리라(호 9:9).

하나님께서 이스라엘의 타락의 정도를 이스라엘이 가장 무섭게 타락해 있었던 기브아의 시대와 비교하십니다. 〈사사기〉 19장에 기브아 시대 이야기가 소개됩니다.

어느 레위 사람이 첩을 맞이했는데 그 첩이 또다시 음행을 저지르고 친정으로 가버렸습니다. 레위인은 하나님을 섬기는 사람들로 사실 첩이 있어서는 안 됩니다. 또 한 여인이 이미 아내가 있는 남자의 가정에 들어가는 것도 문제가 있습니다. 레위인은 그 여자의 친정에 찾아가 아버지를 설득하여 여자를 데려오게 되고, 집으로 돌아가던 중 기브아에서 하룻밤 머물게 됩니다.

그런데 불량배들이 그곳에 떼로 달려들어 레위인과 관계를 맺겠으니 그를 내놓으라고 요구합니다. 당시 기브아 사람 중에는 동성애자가 많았습니다. 결국 레위인은 그들에게 자기 대신 첩을 내놓으며 마음대로 하라고 했고, 그 첩은 밤새 능욕을 당하다가 죽음을 맞게 됩니다. 이 일로 인하여 지파별 전쟁이 일어났고, 기브아에 속한 베냐민 지파가 몰살당하는 어처구니없는 일이 일어납니다.

삶의 타락은 예배의 타락으로, 예배의 타락은 삶의 타락으로 맞물리게 됩니다. 이런 삶의 타락이 호세아 시대에 또 한 번 재현되고 있습니다. 사람들은 종종 인간이 점점 악해진다고 말하지만 인간은 처음부터 악했습니다. 그것이 인간의 본성입니다. 창세기를 보면 일부다처제나 동성애, 수간(獸姦) 등 온갖 음란한 인간의 모습이 나옵니다.

안타까운 것은 지금 우리가 살고 있는 이 나라도 크게 다를 바가 없다는 것입니다. 〈호세아서〉의 말씀을 통해 타락한 이스라엘 백성들이 어떻게 되었는지를 살펴보며 우리의 모습도 돌아봐야겠습니다.

타락의 결과

이스라엘은 타락으로 인해 심판을 자초합니다.

> 그들은 여호와의 땅에 거주하지 못하며 에브라임은 애굽으로 다시 가고 앗수르에서 더러운 것을 먹을 것이니라(호 9:3).

여호와의 땅은 거룩한 땅이요, 구별된 땅이기 때문에 타락한 이스라엘 백성이 거할 수 없습니다. 그래서 애굽으로 다시 갑니다. 구원이 없던 곳으로 돌아갑니다. 또한 앗수르에서 더러운 것을 먹을 것이라는 말씀은 20년이 지나지 않아 앗수르에게 멸망당하는 것으로 실현됩니다.

이렇듯 첫 번째 심판이 하나님의 울타리에서 벗어나는 것이었다면 두 번째 심판은 하나님께서 그들의 제사, 곧 예배를 거부하신 것입니다.

그들은 여호와께 포도주를 부어 드리지 못하며 여호와께서 기뻐하시는 바도 되지 못할 것이라 그들의 제물은 애곡하는 자의 떡과 같아서 그것을 먹는 자는 더러워지나니 그들의 떡은 자기의 먹기에만 소용될 뿐이라 여호와의 집에 드릴 것이 아님이니라 너희는 명절 날과 여호와의 절기의 날에 무엇을 하겠느냐(호 9:4~5).

하나님이 예배도 절기도 거부하십니다. 하나님을 아버지라 부르며 예배할 수 있는 것이 얼마나 큰 축복인지 아십니까? 예배에 정성을 다하십시오. 언젠가 예배할 수 없는 아픔이 올 수도 있습니다. 예배가 무너지면 안 됩니다. 예배에 소홀해지면 너무 많은 것을 잃게 됩니다. 무엇을 잃어버린 줄도 모르고 잃어버리게 됩니다. 예배야말로 성도에게 있어서 가장 큰 축복임을 기억하십시오.

오래전에 어떤 목사님이 이런 말씀을 전하신 적이 있습니다. 시험 들어 예배에 나오기를 거부하는 사람이 있다면 그가 교회를 떠난 것이 아니라 교회가 그를 버린 것이라는 말씀이었습니다. 처음에는 그것이 이해가 되지 않았습니다. 그런데 이제는 내가 거절한 것이 아니라 하나님이 거절했다는 것이 이해가 됩니다. 가지가 나무에 붙어 있어야 되는 것과 마찬가지로 하나님의 백성은 하나님 안에 있어야 하는 것이 아닙니까? 세상이 좋아 하나님을 등지면 자신이 하나님을 거절하는 것 같지만 사실은 아니라는 것입니다.

세 번째 심판은 자식을 낳을 수 있는 태가 막힌 것입니다. 즉, 미래의 상실입니다. 하나님의 심판이 임하여 아이가 생기지 않고 혹시 아이를 낳더라도 젖을 물릴 수 없게 됩니다. 우리나라도 현재 저출산 문제로 골머리를 앓고 있는데, 아이가 없다는 것은 미래와 희망이 없다는 것입니다.

> 에브라임의 영광이 새같이 날아 가리니 해산하는 것이나 아이
> 배는 것이나 임신하는 것이 없으리라 혹 그들이 자식을 기를지
> 라도 내가 그 자식을 없이하여 한 사람도 남기지 아니할 것이
> 라 내가 그들을 떠나는 때에는 그들에게 화가 미치리로다(호
> 9:11~12).

네 번째 심판은 떠돌이가 되는 것입니다. 하나님을 떠난 자,
하나님께 버림받은 자의 방황이 나옵니다. 이를 통해 가장 큰 심
판은 하나님께서 놓아버리시는 것임을 확인할 수 있습니다.

> 그들이 듣지 아니하므로 내 하나님이 그들을 버리시리니 그들
> 이 여러 나라 가운데에 떠도는 자가 되리라(호 9:17).

하나님이 우리를 얼마나 귀하게 여기셨습니까? 하나님이 우
리를 귀하게 여기시듯 우리도 하나님을 귀하게 여길 수 있는 축
복이 있기를 바랍니다. 하나님은 그리스도인이 이방인들과 다

르기를 기대하셨습니다. 그리스도인의 즐거움은 이방인들의 즐거움과 달라야 하고, 그리스도인의 기쁨은 이방인의 기쁨과 달라야 합니다. 이스라엘 백성처럼 하나님의 기대를 저버린 채 하나님을 슬프게 하지 말고, '나는 하나님의 기쁨이자 기대이다'라는 사실을 잊지 말고 삽시다.

하나님 마음 이해하기

1. 하나님께서 당신을 택하여 사랑하시고 당신을 그분의 기쁨으로 여기신다는 사실을 믿습니까?

2. 하나님의 기쁨이자 기대로서 살아가려면 현재 당신의 삶에서 변화되어야 할 부분은 무엇일까요?

3. 당신은 하나님이 기뻐하실 예배를 드리고 있나요, 자신을 만족시키는 예배를 드리고 있나요?

4. 그리스도인의 즐거움은 이방인의 즐거움과 어떻게 달라야 할까요?

5. 당신의 습관 중 하나님이 기뻐할 만한 것은 무엇인가요?

∽ 오늘을 위한 기도 ∽

사랑의 하나님, 아무것도 아닌 저를 택하사 당신의 기쁨으로 여기시고 한없는 사랑 베풀어주셔서 정말 감사합니다. 하나님을 떠나 타락한 이스라엘 백성들을 보며 저는 혹시 저렇게 살고 있는 것이 아닌가 돌아보게 됩니다. 항상 하나님을 기쁘게 해드릴 수 있는 삶을 살고 싶지만 제가 이스라엘 백성들처럼 어리석어 하나님을 슬프게 할까 두렵습니다. 하늘의 지혜를 내려주소서.

너희가 자기를 위하여 공의를 심고 인애를 거두라
너희 묵은 땅을 기경하라 지금이 곧 여호와를 찾을 때니
마침내 여호와께서 오사 공의를 비처럼 너희에게 내리시리라

호10:12

10

하나님의 백성다움을 회복하는 법

목회를 하면서 큰 기쁨 중의 하나는 성도들과 같이 식사를 하며 대화하다가 그들이 어떻게 부부의 연을 맺었는지 들어보는 것입니다. 부부마다 어쩌면 그렇게 각양각색의 이야기를 가지고 있는지요.

여러분은 누구보다 더 잘나거나 대단한 것도 아니고, 다른 사람이 객관적 입장에서 "그 사람이 대체 뭐가 좋다고 그렇게 목을 매니?"라고 말해도 웬일인지 마음이 끌려 그 사람밖에 보이지 않는 사랑을 해본 적 있습니까? 세상 그 어떤 것을 주어도 그 사람과 바꾸고 싶지 않고, 그 사람에게는 내게 있는 모든 것을 주어도 아깝지 않을 것 같아 결혼했습니까? 그렇다면 당신은 받는 것보다 주는 것이 행복함을 아는 사람입니다. 그런데 반대로 배우자로부터 도움을 받으려고 결혼하면 반드시 함정에 빠집니다. 행여 배우자를 고를 때 상대방의 직장이나 수입을 보고 계산하며 만났다가는 쓴맛을 보게 됩니다. 그가 가진 배경은 시간이 흘러 보면 온전한 것이 아니기 때문입니다.

그런데 무엇이라도 해주고 싶고 내 모든 것을 주어도 아깝지 않을 것 같아 결혼해도 이런 문제가 생길 수는 있습니다. 예를 들어 배우자가 어느 날부터인가 바람을 피우는 것입니다. 몸은 함께 있지만 두 마음을 품어 다른 사람을 더 좋아하고 아예 다른 곳에서 살림을 차리기까지 했을 때 여러분이라면 어떻게 하겠습니까? 절망하지 않겠습니까? 그 사람 하나만 바라보며 모든 것을 포기했는데, 그 사람만을 사랑했는데 배신을 당하면 사랑했던 만큼이나 분노하지 않겠습니까?

이것은 부부관계뿐만 아니라 하나님과 이스라엘 백성 사이에서도 있었던 일이고, 하나님과 나와의 관계 속에서도 있을 수 있는 일입니다.

진주를 개에게 던지는 어리석음

이스라엘은 하나님께서 제비뽑기하여 관계가 형성된 백성이 아닙니다. 그들이 많은 민족 가운데 더 성결하거나 유난히 불쌍해서 하나님이 그들을 백성 삼으신 것도 아닙니다. 그들은 그저 운이 좋아 선택된 민족이 아닙니다. 이스라엘은 하나님께서 찾고 찾다가 만난 연인이었습니다.

마찬가지로 하나님께서 이 땅의 많은 사람 가운데 우리를 자녀 삼으실 때도 불쌍해서 "내가 너 하나 건져줄게!" 하신 것이 아니라 고르고 찾아서 택하신 것입니다.

사랑은 여기 있으니 우리가 하나님을 사랑한 것이 아니요 하나님이 우리를 사랑하사 우리 죄를 속하기 위하여 화목 제물로 그 아들을 보내셨음이라(요일 4:10).

막연하게 '하나님이 나를 택하셨구나. 하나님이 나를 불쌍히 여기셔서 구속의 은혜를 주셨구나' 하고 생각할 것이 아니라 하나님이 나를 만나기 위해 찾아 헤매셨음을 알아야 합니다. 나에게서 무언가를 얻으려고 하신 것이 아니라 내게 주실 것만 생각하셨고, 심지어 자신의 몸까지 내주셨으며, 영원히 나를 떠나지 않겠다고 약속하셨습니다. 영이신 그분이 육신의 몸을 입고 나를 찾으러 오신 것입니다.

그러나 이스라엘은 그런 하나님의 사랑을 모르고 그분의 기대를 무참히 짓밟아버립니다. 하나님이 주신 축복을 누리면서도 세상에 빠져 바쁘게 사느라 그들의 신앙은 형식주의에 빠져버립니다.

요즘 사람들도 "피곤해, 바빠, 힘들어"를 입에 달고 삽니다. 그래서 전도해보면 바빠서 안 된다는 사람이 많습니다. 바쁘고 피곤하게 하는 것은 마귀가 쓰는 방법 중의 하나입니다. 열심히 사는 것과 바쁘게 사는 것은 다릅니다. 열심히 사는 것은 계획대로 사는 것이고, 바쁘게 사는 것은 계획 없이 아무것도 안 하면서 시간을 허비하는 것입니다. 세상 일로 정신없이 바빠 하나님 앞에 나아가지 못하고 있다면, 마귀가 하는 일인 줄 알고 경계해야 합니다.

두 마음을 품은 이스라엘

이스라엘 백성들이 우상을 섬기며 자기들을 장식하기 시작합니다. 하늘을 보아야 하는데 땅의 아름다움에 빠져, 하나님을 바라보는 대신 우상을 장식합니다. 즉, 하늘에 어울리는 사람이기보다는 땅에 어울리는 사람이기를 원하는 것입니다.

애굽 사람이나 앗수르 사람, 암몬 사람은 그렇게 살아도 됩니다. 그러나 하나님께 택함받은 우리는 그렇게 살면 안 됩니다. "너는 그렇게 살면 안 돼. 나에게 어울리는 사람, 하늘에 어울리는 사람이 되어야 한다. 너희 보물을 땅에 쌓아두지 말고 하늘에 쌓아두어라" 하고 말씀하시는 하나님의 음성이 들리지 않습니까? 하늘을 소망하는 사람이 되어야 합니다.

그들이 두 마음을 품었으니 이제 벌을 받을 것이라 하나님이 그 제단을 쳐서 깨뜨리시며 그 주상을 허시리라(호 10:2).

처음에는 하나님만 사랑하고 하나님만 좋아한다고 하던 이스라엘 백성이 두 마음을 품었습니다. 마음을 다하여 여호와를 사랑하라 했는데 그 마음이 둘로 나뉘어 한 마음은 하나님께 두고 또 한 마음은 세상을 향해 둡니다. 더 이상 하나님께 온전한 마음을 드리지 않는 것입니다. 하나님만 사랑하며 살기에는 세상에 좋은 것, 즐길 것이 많다고 생각합니다. 하나님만 보아야 할 사람들이 하나님을 형식적으로 섬기기 시작합니다. 두 마음을 품은 것은 하나님을 완전히 포기한 것은 아닙니다. 한창 은혜 받을 때는 하나님이 좋아 보이고 세상에 나가서는 하나님 외에 더 매력적인 것이 보입니다. 마치 현재를 살아가는 우리의 모습을 보는 것 같지 않습니까?

이스라엘 백성들은 출애굽한 후, 애굽을 증오하면서도 애굽 생활이 얼마나 달콤했던지 광야 생활 40년 동안 힘들기만 하면 애굽으로 돌려보내 달라고 말했습니다. 물론 힘들고 괴롭기는 했어도 그곳에서 먹었던 것, 마셨던 것, 즐기던 것들을 잊을 수 없어 그리워합니다.

보통의 정신으로는 세상을 이길 수가 없습니다. 세상이 아무 것도 아닌 것 같습니까? 사실 아무리 하나님만 보고 살려고 해도 세상의 유혹 앞에 쉽게 무너지고 마음이 흔들리고 마는 것이 우리의 모습입니다. '이 정도는 죄가 아니다'라고 스스로를 합리화하는 경우가 얼마나 많습니까?

세상에 마음을 빼앗겼습니까? 적당한 선에서 자신을 위로하면 안 됩니다. 99%는 하나님께 두고 1%만 세상에 두었다고 해도 두 마음을 품은 것입니다. 하나님은 최선이 아니라 전심을 원하십니다. 99%는 하나님께 두고 1%는 세상에 두었다면 결정적인 순간에 무엇을 선택할 것 같습니까? 놀랍게도 1% 세상의 것을 선택하게 됩니다.

그래서 하나님은 전심을 원하십니다. 주님은 적당한 선에서 타협하시지 않습니다. 마태복음 19장을 보면 부자 청년이 예수님께 와서 자신의 모든 의를 내놓았습니다. 그러나 예수님께서 그의 모든 재산을 사람들에게 나눠주고 자신을 따르라고 하시자 그 청년은 근심하다가 많은 재물을 포기하지 못하고 그곳을 떠납니다.

하나님을 믿으며 처음에 은혜로 복을 받는 것도 어렵지만 복을 받은 후에 그것을 지키는 것도 힘듭니다. 하나님이 주신 복을 스스로 차버리는 사람들이 얼마나 많은지 모릅니다. 갈멜산에서 엘리야가 외친 것처럼 둘 사이에서 머뭇거려서는 안 됩니다. 하나님과 세상 중에서 하나를 선택해야 합니다. "나도 나름대로 하나님 믿었어요"라며 적당히 만족을 얻으려고 하지 마십시오.

하나님은 전심을 다하지 않은 이스라엘을 향해 다음과 같이 말씀하시며 진노하십니다.

너희는 악을 밭 갈아 죄를 거두고 거짓 열매를 먹었나니 이는 네가 네 길과 네 용사의 많음을 의뢰하였음이라 그러므로 너희 백성 중에 요란함이 일어나며 네 산성들이 다 무너지되 살만이 전쟁의 날에 벧아벨을 무너뜨린 것같이 될 것이라 그때에 어머니와 자식이 함께 부서졌도다(호 10:13~14).

악을 밭 갈아 죄를 거둔다는 것은 계획적으로 죄를 짓는 것입니다. 하나님이 회개할 기회를 주심에도 그들은 '지금까지 괜찮았는데, 지금까지도 별일 없었는데…' 하며 악을 밭 갈아 죄를 거두고 거짓 열매를 먹은 것입니다.

하나님이 얼마나 죄를 싫어하시는지를 망각하면 안 됩니다. 피를 흘리면서까지 죄에 맞서 싸워야 합니다. 죄는 한 번 오면 떠나지 않습니다. 하나님께서 택한 백성인 줄 알면서도 기회를 엿보며 우는 사자처럼 삼킬 자를 찾고 있습니다.

전심을 보이라

이스라엘을 사랑하시는 하나님은 징계하겠다고 엄포하시면서
도 그들에게 돌아오는 길을 알려주십니다.

> 너희가 자기를 위하여 공의를 심고 인애를 거두라 너희 묵은 땅
> 을 기경하라 지금이 곧 여호와를 찾을 때니 마침내 여호와께서
> 오사 공의를 비처럼 너희에게 내리시리라(호 10:12).

하나님의 소원은 우리가 사랑과 용서를 저금하는 것이요, 하
나님의 백성다움을 회복하는 것입니다. 하나님의 백성다움은
대기업 회장 되는 것이 아니라 '의와 긍휼'을 가지는 것입니다.
그리고 하나님의 백성이라면 여호와를 구해야 합니다.

> 너희는 여호와를 만날 만한 때에 찾으라 가까이 계실 때에 그를
> 부르라(사 55:6).

하나님이 가까이 계시다고 느낄 때 부르고 찾아야 하고, 그분
의 손을 잡아야 합니다. 삶이 망가질 대로 망가진 다음에는 하나

님을 부르려고 해도 보이지 않고, 잡으려고 해도 한없이 멀리 있다고 느껴질 것입니다. 하나님이 멀어진 것이 아니라 내가 멀어졌기 때문입니다. 나 스스로 마귀의 참소 앞에 눌려서 하나님이 보이지 않습니다. 그러니 더 이상 늦기 전에 미루지 말고 지금 바로 하나님을 찾고 부르십시오.

묵은 땅을 갈아엎으라

하나님은 또한 "너희 묵은 땅을 기경하라"고 말씀하십니다. 묵은 땅이란 처음부터 묵은 땅은 아니었습니다. 황폐한 땅 역시 처음부터 황폐한 땅이 아니었듯이 말입니다. 처음에는 풍성한 수확과 열매를 내던 땅이었습니다. 주인의 뜻을 따라 추수의 기쁨을 맛보게 했던 땅이었습니다. 그런데 그 땅이 이제는 호미도 괭이도 들어갈 수 없는 땅이 되어버린 것입니다. 잡초가 무성하고 더 이상의 결실을 기대할 수 없는, 주인의 마음에서 떠나버린 땅이 된 것입니다. 그런데 여호와께서 이 땅이 회복되기를 기대하십니다. 아니, 회복시킨다고 약속하십니다.

에스겔서 36장 32~38절에는 부끄러운 백성을 향한 약속이

나옵니다. 황량하고 적막한 땅을 에덴동산 같게 할 것이며, 사람들이 떠난 땅에 사람들이 모일 것이라고 합니다. 하나님은 언제든지 우리를 위하여 모든 것을 다 해주셨습니다. 아들을 주시면서까지 우리의 회복을 이루기 원하십니다. 하나님과의 회복만이 성도가 살아날 길이기 때문입니다.

마태복음 13장을 보면 '길가, 돌밭, 가시떨기, 좋은 땅'이라는 네 가지 밭이 나옵니다. 주님께서 씨 뿌리는 비유를 말씀하신 이유는 "너희는 길가 밭이구나, 돌밭이구나, 가시떨기구나, 좋은 땅이구나" 하고 구분해주시려는 것이 아니라 좋지 않은 세 가지 밭을 엎어 좋은 땅이 되어야 함을 강조하시는 것입니다.

묵은 땅을 기경하는 원리는 '회개'와 '성령 충만'입니다. 이제 우리의 몫이 남았습니다. 회복의 약속을 붙잡고 하나님께 간절히 구해야 합니다. 하나님이 죄를 깨닫게 하시거든 하나님 앞에 쏟아놓아야 합니다. 묵은 심령을 갈아엎어야 합니다. 변명하면 안 됩니다. "주님, 제가 지금 이렇게 고생하는 이유는 내 스스로의 고집과 욕심 때문이요, 내 울타리에 갇혀서입니다"라고 고백해야 합니다.

여러분의 마음은 언제부터 그렇게 굳어버렸습니까? 여러분의 묵은 땅은 무엇입니까? 용서해야 되는 줄 알면서도 용서하지 못하면 그것이 묵은 땅입니다. 사랑해야 되는 줄 알면서도 사랑하지 못하는 것, 죄인 줄 알면서도 헤어나지 못한 채 매여 있는 것, 자기 고집에 매여 있는 것도 묵은 땅입니다. 이것을 갈아엎어야 합니다. 하나님의 은혜를 입지 않으면 열매를 맺을 수 없습니다. 하나님께서 약속하신 대로 비처럼 내리는 의를 맞으려면 우리의 묵은 땅을 기경해야 합니다.

하나님 마음 이해하기

1. 하나님은 우리를 어떻게 백성 삼으셨습니까?

2. 당신은 하나님과 세상 사이에서 두 마음을 품은 적이 없습니까?

3. 당신은 하나님의 백성답게 살고 있나요? 하나님의 백성답게 살려면 어떻게 해야 합니까?

4. 당신은 바쁘다는 핑계로 하나님 앞에 나아가는 일을 소홀히 한 적이 없습니까?

5. 당신의 묵은 땅은 무엇입니까? 그 묵은 땅을 기경하려면 어떤 노력을 해야 할까요?

∽ 오늘을 위한 기도 ∽

나의 모든 것을 아시는 하나님, 내 마음속 생각까지도 모두 읽으시는 하나님 앞에서 전심을 다해 예배드리지 못했던 것 회개합니다. 예배 시간에도 나도 모르게 내일 있을 회의 생각, 다음 주에 있을 야유회 생각, 애인 생각 등에 빠져 하나님 음성 듣기를 소홀히 했습니다. 이 모든 죄 용서하여주소서. 내가 가지고 있는 묵은 땅을 기경하여 하나님의 백성답게 살 수 있게 인도하소서.

내가 나의 맹렬한 진노를 나타내지 아니하며
내가 다시는 에브라임을 멸하지 아니하리니 이는 내가 하나님이요 사람이 아님이라
네 가운데 있는 거룩한 이니 진노함으로 네게 임하지 아니하리라

호11:9

11

어리석은 우리를 향한
하나님의 용서

많은 사람이 하나님에 대해서 많이 아는 것을 신앙으로 생각하지만 '하나님에 대해 아는 것'은 지식적으로 아는 것이고, '하나님을 아는 것'은 경험적으로 아는 것입니다. 다시 말해, 하나님에 대해 아는 것은 종교적 차원이고, 하나님을 아는 것은 신앙적 차원입니다. 많은 사람이 성경의 내용을 알고 있는 것을 가지고 마치 하나님을 아는 것처럼 말하지만, 실제로는 하나님을 만나지 못하고 경험하지 못하여 알지 못하는 경우도 있습니다. 여전히 지식적인 차원에서만 하나님을 아는 것입니다.

자신에 대해서도 마찬가지입니다. "넌 누구니?"라는 질문 앞에서 자신을 설명할 수 있습니까? "넌 뭐하는 사람이니?"라고 물어보면 쉽게 말할 수 있습니다. "예, 나는 목사입니다." "예, 나는 회사의 사장입니다."

그러나 "넌 누구니?"라는 질문 앞에서는 같은 대답을 할 수 없습니다. 목사라는 직책이 '나'는 아니기 때문입니다. 하나님 앞에 섰을 때만 자신을 제대로 볼 수 있고, 내가 누구인지 알게 됩니다. 하나님의 형상으로 창조된 인간은 하나님 앞에 서지 않고는, 하나님이라는 거울에 나를 비추지 않고는 절대로 나를 알 수 없습니다.

오래된 복음성가 중에 다음과 같은 찬양이 있습니다.

내 평생 살아온 길 뒤를 돌아보니
걸음마다 자욱마다 다 죄뿐입니다.
쓰리고 아픈 마음 가눌 길 없어서
골고다 언덕길을 지금 찾아옵니다.
나 같은 못난 인간 주께서 살리시려
하늘의 영광보좌 모두 다 버리시고

천하디 천한 종의 형상을 입으셨네

아 – 아 – 주의 사랑 어디에 견주리까

예수님 나의 주님 사랑의 내 하나님

이제는 예수님만 내 자랑 삼겠어요

나의 남은 인생길 주와 걸어가면서

 예수님 복음 위해 굳세게 살겠어요.

_〈내 평생 살아온 길〉

이 찬양은 회개의 찬양이 아닙니다. 하나님의 사랑을 발견하고 자신을 돌아보며 부르는 감격의 찬양입니다. 〈호세아서〉를 읽다 보면 우리도 이런 찬양을 자연스럽게 부르게 됩니다.

자격 없는 우리를 아들 삼으신 하나님

하나님은 이스라엘을, 그리고 우리를 아들로 부르셨습니다. 그래서 "나와 함께 살자"고 하셨습니다. 그러나 안타깝게도 이스라엘 백성은 세상만 좋아하는 망나니였습니다. 그래도 아버지 하나님은 그 망나니 아들을 포기하실 수 없었습니다.

이스라엘이 어렸을 때에 내가 사랑하여 내 아들을 애굽에서 불
러냈거늘(호 11:1).

이스라엘의 시작은 어디였습니까? 애굽이었습니다. 착각하
면 안 됩니다. 내 평생 살아온 길 뒤돌아보니 다 죄뿐입니다. 아
무리 과거를 포장해보아도 이스라엘, 즉 우리의 출신이 애굽이
란 사실은 변함없습니다.

식당에 가서 밥이 조금 늦게 나온다고 마치 자신이 대단한 사
람인 것처럼 큰소리 치며 행세하는 사람, 이웃의 잘못을 지적하
고 자신의 잘못은 감추기 바쁜 사람, 교회에서만 거룩한 척하고
세상에 나가서는 하나님을 생각하지 않고 사는 사람들을 보면
'내가 저랬었는데…' 하는 생각이 들지 않습니까? 애굽에서의
삶은 철저하게 죄뿐이었습니다. 그럼에도 이스라엘은 애굽에
서 영원히 살아야 하는 줄 알았습니다. 애굽을 벗어날 힘도 없었
습니다. 울타리 안에 갇혀서 포로가 되어 있지만 자신이 포로가
된 줄도 몰랐다는 이야기입니다.

그런데 하나님은 그런 이스라엘을 애굽에서 아들로 불러내
셨습니다. 처음부터 아들의 자격이 있어서가 아닙니다. 원래는

자격이 없는데, 아주 천박한 노예들이었는데 양자 삼아 불러주신 것입니다. 그리고 하나님을 닮은 참 아들이 되기를 원하셨습니다.

어느 날 어떤 분이 내게 와서 기도를 받으며 이렇게 말합니다. "목사님, 너무 많이 외로워요." 그 말을 듣고 가슴이 아팠습니다. 그래서 그분 머리 위에 손을 얹고 이렇게 기도했습니다. "아무리 외로워도 육체를 따라 결정하지 않게 하옵소서. 아무리 힘들어도 육체의 욕심을 따라 결정하지 않게 하옵소서." 우리가 세상에 속한 사람이면 사기를 치든 주일을 어기든 아무 문제 없습니다. 망나니처럼 살아도 아무 문제 없습니다. 그러나 하나님은 우리가 그분의 아들임을 잊지 않고 그에 맞는 행동을 하길 원하십니다.

우리를 사랑의 줄로 이끄시는 하나님

선지자들이 그들을 부를수록 그들은 점점 멀리하고 바알들에게 제사하며 아로새긴 우상 앞에서 분향하였느니라(호 11:2).

하나님은 이스라엘 백성들을 아들로 삼아 그들이 아들답게 살기를 원하셨지만 그들은 여전히 진노의 자식이었을 때처럼 육체만 위하며 마음대로 살아도 되는 줄 압니다.

> 내가 에브라임에게 걸음을 가르치고 내 팔로 안았음에도 내가 그들을 고치는 줄을 그들은 알지 못하였도다(호 11:3).

그럼에도 하나님은 그들을 고친 후에 아들로 삼으신 것이 아니라 먼저 아들로 삼으신 후 그들을 만들어가십니다. 절룩거리고 비틀거리고 있는 그들에게 걸음마부터 가르치셨습니다. 아이를 키워보면 알겠지만 아이가 첫 걸음을 떼기까지 얼마나 많이 주저앉습니까? 부모는 그것을 지켜보며 걸음마를 가르치느라 무척 애를 씁니다.

호세아서 11장 4절에서는 "내가 사람의 줄 곧 사랑의 줄로 그들을 이끌었고"라는 말씀이 나옵니다. 목에 매는 짐승의 줄이 아닙니다. 우리를 멍에 멘 짐승처럼 대우하며, 하나님이 오라는 대로 가지 않으면 채찍을 때리고 코가 찢어지도록 당기는 것이 아니라는 것입니다. '사랑의 줄'로 이끌었다고 하십니다. 우리가 아무리 짐승처럼 무너져 있어도 언제나 사랑으로 우리가 돌아오기만을 목놓아 기다리시며 우리의 발걸음을 이끄십니다. 아이에게 걸음마를 가르치듯 한 걸음씩 하나님 가까이로 이끄시는 것입니다.

하나님께 가까이 간다는 것은 단순히 멀리 떠났다가 두손 들고 "주님, 죄송해요!" 하고 돌아가는 것만이 아닙니다. 우리의 성품과 마음도 하나님 가까이 가는 것입니다. 그리하여 그분을 닮아 우리의 모습 속에 하나님의 모습이 보일 수 있어야 합니다.

하나님의 사랑으로 얻은 삶

그들은 애굽 땅으로 되돌아가지 못하겠거늘 내게 돌아오기를 싫어하니 앗수르 사람이 그 임금이 될 것이라(호 11:5).

하나님의 아들로 부름받는 순간 이스라엘, 그리고 우리의 삶은 결정이 났습니다. 이미 애굽에서 나왔다면 다시는 애굽으로 갈 수 없습니다. 홍해를 건너는 순간 애굽 생활도 끝나버린 것입니다. 더 이상 갈 수도, 갈 필요도 없습니다. 다른 사람이 애굽의 영화를 말해도 그 영화는 내 것이 아닙니다.

오늘도 사단은 애굽의 호화로운 생활을 보여주면서 예수 안에 있는 나를 초라하게 만들려고 하지만 우리가 정말 초라한 사람입니까? 아그립바 왕의 시각으로 보면 바울이 초라했겠지만 우리가 지금 깨닫고 보니 바울만큼 당당한 사람이 어디 있습니까? 그가 가진 것이 많아서입니까? 아닙니다. 그의 안에 하나님이 계셨기 때문입니다.

내가 그리스도와 함께 십자가에 못 박혔나니 그런즉 이제는 내가 사는 것이 아니요 오직 내 안에 그리스도께서 사시는 것이라 이제 내가 육체 가운데 사는 것은 나를 사랑하사 나를 위하여 자기 자신을 버리신 하나님의 아들을 믿는 믿음 안에서 사는 것이라(갈 2:20).

우리는 하나님의 아들로 결정이 났습니다. 애굽을 아무리 갈망해도 가보면 별것 없습니다. 그럼에도 하나님께 돌아오기를 싫어하는 것이 문제입니다. 아직도 애굽에 기회가 있는 것처럼, 애굽에 갈 수 있다는 환상에 젖어 애굽에 길들여진 대로 살려고 합니다. 하지만 하나님이 사랑의 줄로 우리를 잡아 끌지 않으셨다면 우리가 오늘 어떻게 이런 모습일 수 있겠습니까? 우리를 향한 포기할 수 없는 하나님의 사랑을 알아야 합니다.

> 에브라임이여 내가 어찌 너를 놓겠느냐 이스라엘이여 내가 어찌 너를 버리겠느냐 내가 어찌 너를 아드마 같이 놓겠느냐 어찌 너를 스보임 같이 두겠느냐 내 마음이 내 속에서 돌이키어 나의 긍휼이 온전히 불붙듯 하도다(호 11:8).

아드마와 스보임은 소돔 땅이 불바다가 될 때, 왜 죽어야 되는지도 모르고 엉겁결에 따라서 불바다가 된 도시입니다. 그처럼 심판받을 수밖에 없는 우리를 버릴 수도, 놓을 수도, 상관하지 않을 수도 없는 것이 하나님의 사랑입니다. 그들의 죄는 심판받아 마땅하지만 어떻게 해서든지 그들을 용서하고 싶은 긍휼이 하나님의 마음속에 불타고 있습니다. 그래서 하나님께서 다음과 같은 결정을 내리십니다.

> 내가 나의 맹렬한 진노를 나타내지 아니하며 내가 다시는 에브

라임을 멸하지 아니하리니 이는 내가 하나님이요 사람이 아님
이라 네 가운데 있는 거룩한 이니 진노함으로 네게 임하지 아니
하리라(호 11:9).

이 애절함 앞에 어떻게 돌아오지 않겠습니까? 하나님께서 자
식을 잃어버린 부모의 심정으로 울부짖으십니다. 하나님의 사
랑을 들은 이스라엘 백성은 자신들의 자격 없음을 알기에 떨며
돌아옵니다. 그렇게 돌아온 그들에게 하나님은 과거를 묻지 않
으십니다. 어제까지 지은 죄에 대해서도 "너, 왜 그랬어?" 하고
질책하시지 않습니다.

에브라임은 거짓으로, 이스라엘 족속은 속임수로 나를 에워쌌
고 유다는 하나님 곧 신실하시고 거룩하신 자에게 대하여 정함
이 없도다(호 11:12).

그런데 이스라엘 백성들이 아직도 하나님께 온전히 마음을
주지 않습니다. 또 떠나려고 준비하고 있는 것입니다. 혹시 여러
분도 이런 모습으로 살고 있지는 않습니까?

하나님 마음 이해하기

1. 당신은 하나님을 지식적으로만 알고 있습니까, 아니면 당신의 삶 속에서 역사하시는 하나님을 직접 경험했습니까?

2. 당신은 죄뿐인 과거를 완전히 정리했습니까?

3. 세상의 것을 많이 가지지 못했다는 이유로 귀한 하나님의 자녀인 자신을 초라하다고 생각한 적은 없습니까?

4. 하나님께서 '사랑의 줄로 끌어주심에 감사하며 살고 있습니까?

5. 혹시 죄 때문에 하나님께 돌아가지 못하고 있습니까? 하나님은 당신이 지은 죄에 대해 질책하시지 않는다는 것을 압니까?

∽ 오늘을 위한 기도 ∽

하나님 아버지, 나를 애타게 찾으시는 하나님의 울부짖음을 들으면서도, 시시때때로 찾아오는 세상의 유혹 앞에 눈이 어두워져 하나님을 잊고 사는 나를 용서하소서. 세상의 온갖 부귀와 영화의 자리보다 하나님의 자녀의 자리가 복되고 귀한 것임을 잊지 않게 하소서. 죄에 얽매였던 과거를 완전히 버리고 하나님께서 이끄시는 사랑의 줄에 기쁨으로 매여 살게 하소서.

그가 비록 형제 중에서 결실하나 동풍이 오리니
곧 광야에서 일어나는 여호와의 바람이라
그의 근원이 마르며 그의 샘이 마르고
그 쌓아둔 바 모든 보배의 그릇이 약탈되리로다

호 13:15

12

교만으로 인한
이스라엘의 멸망

북이스라엘은 기원전 722년에 멸망합니다. 하나님께서 선지자들에게 수없이 경고하셨던 대로, 이스라엘이 절대적으로 의지하던 앗수르에게 멸망을 당하게 된 것입니다. 그들이 왜 멸망합니까? 앗수르를 비롯한 주변의 나라들이 강했기 때문입니까? 아닙니다. 스스로 무너진 것입니다. 호세아 선지자는 이스라엘이 망할 수밖에 없었던 이유에 대해 하나님과의 관계에 문제가 있었음을 수없이 지적했습니다.

당시 이스라엘은 최고 번성기를 누리고 있었습니다. 그러나 그 부요함과 번성은 하나님 앞에서 인정받지 못했습니다. 신앙의 원리 안에서 얻은 것이 아니라 세상적인 방법으로 얻은 것이었기 때문입니다. 그들은 하나님을 등지고 앗수르와 계약을 맺어 애굽에 기름을 보내면서 세상적 배를 불렸습니다. 수단과 방법을 가리지 않고 부를 축적한 그들 위에 멸망의 먹구름이 드리워지기 시작했습니다.

이스라엘과 에브라임이 받은 축복

〈호세아서〉를 묵상하다 보면 이스라엘의 많은 지파 가운데 하나인 에브라임이 이스라엘의 또 다른 명칭으로 사용되고 있는 것을 볼 수 있습니다. 그 이유는 에브라임이 당시 북이스라엘의 대표적 지파였기 때문입니다. 그리고 이스라엘 중에서 에브라임이 제일 먼저 무너졌고 이스라엘의 멸망의 원인을 제공한 것 역시 에브라임입니다. 가장 큰 은혜를 입었던 에브라임이 무너지기 시작한 것은 그들의 교만 때문이었습니다.

하나님은 이스라엘의 많은 지파 중에서 에브라임을 주목하셨고, 그들을 이스라엘의 중심이 되게 하셨습니다. 하나님은 에브라임에게 절대적 힘과 권위를 주시며 높여주셨습니다. 그러나 에브라임은 이에 대하여 책임과 사명을 느낀 것이 아니라 스스로 더 높아졌습니다. 사실 에브라임은 남다른 은혜를 입은 자로서 절대 교만해서는 안 되었습니다.

이스라엘과 에브라임의 이름을 주신 이는 하나님으로, 그 이름에 하나님의 은혜가 드러났습니다. 이스라엘의 처음 이름은 야곱으로 '속이는 자, 사기꾼, 빼앗는 자'라는 뜻을 가지고 있었습니다. 그런데 하나님이 그런 야곱을 이스라엘로 바꾸셨습니다. 이스라엘은 하나님이 야곱에게 축복으로 주신 이름입니다.

야곱과 에브라임의 공통점이 있었습니다. 처음부터 그들은 장자의 자격이 없는 차자였습니다. 그런데 야곱은 작은아들이지만 배 속에서 은혜를 입어 장자의 축복을 누리게 됩니다. 하나님의 은혜가 아니었다면 야곱의 축복은 원래 장자인 에서의 것이었습니다.

에브라임도 원래 요셉의 작은 아들이었습니다. 그런데 야곱이 임종을 앞두고 요셉의 두 아들을 축복하면서 손을 어긋나게 해서 둘째 에브라임의 머리에 오른손을, 첫째 므낫세의 머리에 왼손을 올린 것입니다. 야곱의 의지가 아니었습니다. 야곱도 이해할 수 없는 일이었습니다. 이로써 에브라임이 많은 지파 중에서 장자 지파가 되었습니다. 야곱이 이스라엘이 된 것이나 에브라임이 장자의 축복을 누릴 수 있었던 것은 철저하게 하나님의 은혜였습니다. 자격 없는 자들이 은혜를 입었다면 평생 감사하고 평생 겸손해야 했습니다.

하지만 그들은 교만해졌습니다. 우리가 자연스럽게 인정받고 높임 받는 것은 귀한 것이지만, 스스로 자신을 높이는 것은 어리석은 것입니다. 잠언 16장 18절에서는 "교만은 패망의 선봉이요 거만한 마음은 넘어짐의 앞잡이니라"고 했고, 마태복음 23장 12장에서는 "누구든지 자기를 높이는 자는 낮아지고 누구든지 자기를 낮추는 자는 높아지리라"고 했습니다.

권사님 한 분이 이렇게 말씀하셨습니다. "목사님, 하나님은 제게 억지로 복을 쏟아부어 주시네요." 그 말을 듣고 '저 사람이 진짜 복 받은 자다'라고 생각했습니다. 그분은 사실 아직 자기 집 하나 제대로 없이 결혼한 자식과 더불어 살고 있었습니다. 작은 서민 아파트에서 방 하나는 작은딸 내외, 다른 방은 큰딸 내외, 그리고 아들과 자신은 거실에서 자야 했던 적도 있습니다. 세상적 시각으로 보면 복 받은 자의 모습이 아닐 것입니다. 하지만 그분은 하나님이 자신에게 복을 쏟아부어 주셨다고 합니다.

저도 개인적으로 많은 은혜를 입고 삽니다. 그럼에도 생각으로라도 교만할 수 없는 이유, 더 겸손해야 할 이유가 있습니다. 저는 제가 입고 있는 은혜를 한 번도 원래 내 것이었다고 생각해 본 적이 없습니다. 내가 지금 누리고 있는 은혜는 사실 더 자격 있는 사람의 것이어야 했다고 생각합니다. 건강도 제 것이 아닙니다. 원래 이 건강은 다른 사람의 것이었습니다. 저는 이미 17살에 간과 신장이 다 망가진 채 쓰러졌습니다. 그런데 하나님께서 자격 없는 제게 건강을 주셨고, 남다른 은혜를 베풀어주셨습니다.

아내와 종종 대화하는 이야기가 있습니다. "여보, 나는 원래 하나님 앞에 이만큼 쓰임받을 수 있는 사람이 아니야. 절대로 이만큼 할 수 있는 사람이 못 돼. 내게 왜 이런 은혜가 임했는지 나도 알 수가 없어. 우리 어떻게 이 은혜에 보답하지?"

여러분도 삶 속에서 남다른 은혜를 누리고 있다면 그것이 무엇입니까? 남보다 지혜롭고 똑똑합니까? 행여 그것을 내 것이라 생각한다면 오해입니다. 내가 입은 은혜, 내가 누리고 있는 혜택은 내 것이 아닙니다. 하나님의 은혜로 얻은 것입니다. 따라서 우리는 주어진 모든 것에 늘 감사하며 살아야 합니다.

이스라엘의 범죄

스스로 자기를 높이던 이스라엘 백성은 더욱 많은 죄를 범하게 됩니다.

> 이제도 그들은 더욱 범죄하여 그 은으로 자기를 위하여 우상을 부어 만들되 자기의 정교함을 따라 우상을 만들었으며 그것은 다 은장색이 만든 것이거늘 그들은 그것에 대하여 말하기를 제사를 드리는 자는 송아지와 입을 맞출 것이라 하도다(호 13:2).

자기를 위하여 우상을 부어 만들었다고 합니다. 하나님을 진실로 섬기는 사람, 하나님의 은혜를 은혜로 여기는 사람은 절대 자기를 위할 수 없습니다. 오직 하나님만 위하게 됩니다. 그러나 어리석어 자기를 높이기 시작한 사람은 자기를 위해 좋은 일들을 행합니다. 이것이 우상을 만들고 섬기는 이유입니다. 말로는 우상을 섬기는 것 같지만 실제로는 자기를 섬기는 것입니다.

사람들은 항상 순종해야 하는 하나님보다 언제든지 내 마음대로 할 수 있는 우상을 원합니다. 우상은 섬겨보다가 마음에 들지 않으면 언제든지 바꿀 수 있지만 하나님 앞에서는 하나님이 원하시는 대로 살아야 하기 때문에 부담스럽다는 것입니다. 하지만 우리가 하나님을 위하고, 이웃과 교회를 위하면 하나님께서도 우리를 위해 일하십니다.

〈호세아서〉 13장 2절 말씀을 보면, 또 제사를 드리는 자가 송아지와 입을 맞출 것이라고 합니다. 자신들이 편리한 대로 혼합 종교를 만든 것입니다. 하나님 중심이 아닌 사람 중심의 제사로 변해버렸습니다. 이제 송아지를 만들었으니 제사 드릴 때도 소나 양을 잡을 필요 없이 그냥 와서 만들어놓은 송아지에게 입을 맞추기만 하면 된다는 것입니다. 즉, 율법을 배우고 율법을 지킬 필요가 없다는 것입니다. 하나님을 자기 식으로 섬기는 죄를 범하고 있습니다.

오늘날 기독교의 가장 큰 걸림돌은 이렇게 편하게 믿는 '송아지 신앙'입니다. 거기에는 거룩함이 없습니다. 형식뿐이지 실제로는 신앙도 없습니다. 아예 신앙을 가지지 않은 것보다 잘못된 신앙을 가진 경우가 훨씬 더 문제일 수 있습니다. 그런 신앙의 중심에는 하나님은 없고 철저한 이기주의만 있을 뿐이기 때문입니다.

사람들은 시간이 가면 갈수록 믿어야 할 것을 믿는 것이 아니라 믿고 싶은 것을 믿습니다. 오늘날 한국교회도 마찬가지입니다. 교회가 부패하여 믿어야 할 것이 아니라 믿고 싶은 것을 믿으면 하나님이 이용당하고 성경이 이용당합니다. 이렇게 어리석은 이들을 향한 호세아의 외침은 다음과 같이 단호합니다.

> 이러므로 그들은 아침 구름 같으며 쉬 사라지는 이슬 같으며 타작 마당에서 광풍에 날리는 쭉정이 같으며 굴뚝에서 나가는 연기 같으리라(호 13:3).

호세아는 그들의 운명에 대하여 아침 구름이나 이슬, 광풍에 날리는 쭉정이, 굴뚝에서 나는 연기처럼 영원하지 않고 사라지는 것이라고 말합니다. 시편 1편 6절에서도 "무릇 의인들의 길은 여호와께서 인정하시나 악인들의 길은 망하리로다"라고 했습니다. 악인의 형통은 잠깐이니 부러워하지 말라는 것입니다. 하나님이 없는 것처럼 자기 방법대로 부요를 누리고 있는 어리석은 자들을 향한 하나님의 마음은 어떻습니까?

> 그러나 애굽 땅에 있을 때부터 나는 네 하나님 여호와라 나밖에

네가 다른 신을 알지 말 것이라 나 외에는 구원자가 없느니라(호 13:4).

이스라엘 백성의 시작은 하나님이셨습니다. 이스라엘은 은혜로 하나님의 백성이 되었습니다. 따라서 그들은 하나님에게서 멀어져서는 안 되는 사람들이었습니다. 비록 사자굴에 들어갈지라도, 풀무 안에 들어갈지라도, 하나님을 놓아버리면 안 되었습니다. 오직 하나님과 함께, 하나님 안에 거해야 했습니다.

이스라엘에 있어 하나님과의 관계는 그들의 근본과 관련되는 것입니다. 여호와를 섬기라는 이유는 여호와 외에는 구원자가 없기 때문입니다. 하나님의 필요에 의해서도, 하나님이 욕심쟁이어서도 아닙니다. 어리석은 그들을 포기하실 수 없는 하나님의 마음인 것입니다.

여러분을 욕심 내시는 하나님을 인정합니까? 여러분을 세상에 양보하지 않는 하나님을 느껴봤습니까? 하나님은 대충 하는 신앙생활을 용납하시지 않습니다. 그런데 혹시 우리 또한 은혜를 입고도 그것을 은혜로 여기지 않은 이스라엘 백성처럼 살고 있지는 않습니까?

방주 밖의 것을 욕심 낸 이스라엘

그들이 먹여준 대로 배가 불렀고 배가 부르니 그들의 마음이 교
만하여 이로 말미암아 나를 잊었느니라(호 13:6).

이스라엘 백성이 하나님 아닌 세상의 것들로 배를 불리며 하
나님을 잊어버리자, 하나님께서 아픈 마음을 표현하십니다. 하
나님은 이제 더 이상 은혜와 용서를 베푸시는 하나님이 아니요,
심판자의 모습으로 그들 앞에 서겠다고 하십니다. 〈호세아서〉
를 읽다 보면 우리를 향해 애절한 마음을 가지고 계시는 하나님
과 우리에게 실망하고 진노하시는 하나님의 모습을 볼 수 있습
니다.

이스라엘아 네가 패망하였나니 이는 너를 도와주는 나를 대적
함이니라(호 13:9).

이스라엘이 하나님을 대적했다고 합니다. 애굽에서 구원의
은혜를 입고 광야에서 돌보심의 은혜를 입고도 하나님을 잊어
버리고 섬기지 않으면 대적자가 되는 것 아니겠습니까? 그들이

먼저 하나님을 놓아버렸습니다. 하나님의 애절한 음성도 그들이 먼저 외면했습니다. 이스라엘은 이것을 수없이 반복했습니다. 이스라엘은 이제 주변 나라들처럼 자신들을 지켜주고 인도할 왕이 있어야겠다고 하며 세상의 왕을 달라고 합니다.

그래서 하나님은 그들에게 왕을 주셨지만 기쁨으로 주신 것은 아니었습니다. 하나님은 처음부터 오직 하나님만이 그들의 왕이시길 원했습니다. 이제 하나님은 그들에게 반문하십니다. "이스라엘의 멸망 앞에서 너희를 구원할 왕이 어디 있느냐?" 이스라엘은 하나님만을 왕으로 섬겨야 했습니다. 그런데 하나님이 주신 반복된 기회 앞에서 그들은 하나님을 붙들지 않고 끝내 놓아버립니다. 그러자 하나님은 "이스라엘아, 네가 패망하였나니"라고 말씀하십니다.

물론 아직 이스라엘이 망한 것은 아닙니다. 겉으로는 부귀영화가 계속됩니다. 하지만 겉으로 보기에 아무 문제 없어도 하나님이 망했다고 하시면 망한 것입니다. 하나님께서 이스라엘을 놓으시고 호세아를 통해 이러한 선포를 하신 20년 후에 이스라엘은 앗수르에게 망하게 됩니다. 지금이 아니라 20년 후입니다. 그러나 하나님은 20년 후가 아니라 지금 망한다고 말씀하십니다. 겉으로는 아무 문제가 없지만 하나님이 그 손을 놓아버렸기 때문입니다.

〈호세아서〉를 읽다가 이런 질문이 떠올랐습니다. '나는 방주 밖의 것을 얻기 위하여 방주 안의 것을 포기했는가?' 그러면서 새삼스럽게 바울이 부러워졌습니다. 방주 안에 있는 소중함을 알고 방주 밖에 있는 것을 배설물로 여길 줄 아는 바울이 부러웠습니다.

사실 세상의 것들이 배설물로 보이지 않을 때가 많습니다. 오히려 매혹적일 때도 많습니다. 하지만 이스라엘이 매력적인 세상에 빠져 하나님을 외면함으로 겪은 고통을 생각해볼 때, 더 큰 은혜를 입고 새로워져야 함을 느낍니다. 우리는 하나님의 손을 잡아야 합니다. 내 삶의 중심에 하나님을 모셔야 합니다. 하나님만이 내 삶의 왕이시라고 고백할 수 있어야 합니다. 하나님이 느껴지지 않으면 우리는 죽은 것입니다.

이스라엘의 죄를 봉하신 하나님

에브라임의 불의가 봉함되었고 그 죄가 저장되었나니(호 13:12).

그들의 죄가 많지만 하나님께서 아직도 감추어두시고 이 죄가 그들을 멸망시키지 못하도록 하십니다. 그들의 죄와 불의를 봉해버리신 것입니다. 그리고 그들이 스스로의 죄를 회개하고 하나님을 구할 수 있도록 20년의 유예기간을 주십니다. 그러나 이스라엘은 어떤 모습을 보입니까?

해산하는 여인의 어려움이 그에게 임하리라 그는 지혜 없는 자식이로다 해산할 때가 되어도 그가 나오지 못하느니라(호 13:13).

하나님이 회개할 기회를 주셔도 이스라엘은 회개할 힘을 잃어버렸습니다. 해산할 여인이 해산할 힘이 없듯 죄를 알아도 회개할 힘이 없다는 것입니다. 해산할 힘을 잃었다면 잉태는 복이 아닙니다. 죄를 회개할 힘이 없다는 것은 성도에게 가장 무서운 일입니다. 죄가 만삭이 되었는데도 처리할 능력이 없다고 생각해보십시오.

신앙도 사명도 모두 때가 있는 법입니다. 너무 늦게 깨달으면 뉘우쳐도 소용없을 때가 있습니다. 부자와 나사로의 비유에서의 부자처럼 죽은 후에 뉘우치거나, 어리석은 다섯 처녀처럼 기름을 준비하지 않고 있다가 결혼식에 참석 못했다고 뒤늦게 뉘우쳐도 소용이 없습니다.

깨달았다면 미루지 마십시오. 깨달으면 오늘 바로 반응을 보여야 합니다. 마귀는 내일도 있으니 미루라고 합니다. 그러나 내일은 우리가 보장할 수 없는 시간입니다. 혹시 성령의 감동, 성령의 깨달음을 외면하고 있지는 않습니까? '이 정도면 천국 가는 데 지장 없어. 이 정도만 은혜받아도 충분해'라고 생각하며 스스로를 위로하고 있습니까?

지금은 구원을 얻을 때요, 은혜를 받을 때입니다. 가장 큰 은혜를 필요로 하는 사람이 바로 나 자신임을 깨닫기를 바랍니다. 하나님이 여러분을 욕심내십니다. 하나님이 내 것 아닌 것들을 내 것으로 주셨음을, 자격 없는 죄인인 나를 사랑하고 구원해주셨음을, 내가 가장 큰 은혜를 입은 사람임을 기억하고 삽시다.

하나님 마음 이해하기

1. 하나님께 큰 은혜를 입은 에브라임이 무너진 이유는 무엇이었습니까?

2. 당신이 받은 남다른 은혜는 무엇입니까?

3. 우리가 하나님만을 섬겨야 하는 이유는 무엇입니까? 하나님의 손을 놓으면 우리의 삶이 어떻게 될까요?

4. 당신은 바울처럼 세상의 것을 배설물로 여길 만한 믿음이 있습니까?

5. 성령의 감동으로 얻은 깨달음을 무시하고 행하기를 미룬 적이 있습니까? 미룬 이유는 무엇인가요?

∞ 오늘을 위한 기도 ∞

나에게 남다른 은혜를 주신 하나님, 주님께서 베푸신 은혜를 내가 잘나서 이룬 것이라 여기고 교만에 빠진 적이 없었는지 돌아봅니다. 지금보다 더 큰 은혜를 주실 때에도 스스로 높아지며 자만하지 않게 하소서. 내 것 아닌 은혜를 받았음에 언제나 감사할 줄 아는 사람이 되게 하시고, 그만큼 다른 사람들에게도 주님의 사랑을 나누고 베풀 수 있게 하소서.

내가 그들의 반역을 고치고 기쁘게 그들을 사랑하리니
나의 진노가 그에게서 떠났음이니라

호 14:4

13

하나님이 그리시는
회복의 그림

목사가 되어 누리는 축복 중의 하나로 결혼 주례를 자주 서게 됩니다. 앞서 인생을 살아본 사람으로서 삶의 교훈을 이야기하고, 목사로서 새롭게 한 가정을 출발하는 그들을 축복하는 것입니다. 주례를 하면 신랑신부 각자의 마음속에 결혼생활에 대한 예쁜 그림들이 있음을 보게 됩니다. '행복하게 잘 살아야지! 결혼하면 남편은 나에게 이렇게 해줄 거야. 아내는 나에게 이렇게 해주겠지. 나는 이렇게 해줘야지!' 등의 행복한 꿈을 꿉니다.

여러분은 자신의 배우자에 대한 그림을 어떻게 그려가고 있습니까? 그리고 여러분은 배우자 앞에서 어떤 남편이요, 어떤 아내였으면 좋겠습니까? 결혼 전에는 능히 서로의 기대를 충족시켜줄 수 있을 줄 압니다. 그러나 살다 보면 기대하는 것만큼 행복의 그림을 만들어가기가 쉽지 않다는 것을 느끼게 됩니다.

가정의 정(庭)자와 정원의 정(庭)자는 같은 한자를 쓴다는 것을 압니까? 예쁜 정원은 처음에 만들기도 힘들지만 그 후에 아름답게 유지하는 것이 더 힘듭니다. 그런데 온갖 정성을 들여 가꾼 정원을 망가뜨리려면 일부러 힘을 들여 삽이나 호미로 파헤칠 필요가 없습니다. 그냥 내버려두면 잡초가 무성해지면서 이내 아름다움을 잃고 그 형체를 알 수 없게 됩니다.

가정도 마찬가지입니다. 남녀가 만나 새로운 가정을 꾸리기까지 시간적, 물질적, 정신적으로 얼마나 많은 투자를 합니까? 온종일 데이트하는 것으로도 모자라 밤새 전화하고, 없는 살림에 돈 탈탈 털어 선물 사주고, 심지어 카드 빚까지 내는 사람도 있지 않습니까? 또 이런저런 일 앞에서 상대방의 마음을 헤아리느라 정신적으로는 얼마나 신경을 많이 씁니까?

결혼하기까지 육체적, 정신적으로 신경 쓰고 정성을 다하느라 힘든 날들도 많이 있을 것입니다. 그런 모든 힘든 일이 결혼하는 순간 다 끝날 것 같지만 실상 앞으로 살아갈 날은 결혼하기까지 힘들었던 것 이상으로 쉽지 않습니다. 어느 순간 처녀, 총각 때 그리던 결혼에 대한 예쁜 그림은 없어지고, 자신을 잃어버린 채 세월이 훌쩍 흘러가는 경우가 얼마나 많은지 모릅니다. 결혼 후에도 예쁜 그림을 유지하며 아름다운 부부관계를 만들어가려면 서로의 마음을 이해하고 배려하며 상대방의 요구나 소망에 대해서도 잘 알아야 합니다. 이것은 우리의 신랑 되신 하나님과의 관계에서도 마찬가지입니다.

다시 그리시는 그림

하나님께서는 이스라엘 백성과 관계를 형성하실 때 이렇게 표현하셨습니다.

내가 네게 장가들어 영원히 살되 공의와 정의와 은총과 긍휼히 여김으로 네게 장가들며 진실함으로 네게 장가들리니 네가 여호와를 알리라(호 2:19~20).

진실함으로 장가든다는 것의 의미는 무엇입니까? 하나님께서 자신의 이익을 위하여 우리와의 관계를 형성한 것이 아니라는 말입니다. 어떤 것도 계산하지 않은 채 아가페의 사랑으로 장가들어 관계를 형성했다는 것입니다. 그리고 그 하나님의 사랑은 변함이 없습니다. 그러나 하나님의 신부인 이스라엘은 그런 하나님의 사랑을 모른 채 음녀가 되었습니다. 자신을 향하여 하나님이 기대하는 그림을 스스로 짓밟아버리고 하나님의 신부가 아닌 것처럼 세상으로 나가버렸습니다.

〈호세아서〉 14장에서 하나님은 이스라엘 백성을 향한 마지막 편지를 띄웁니다. 사랑했던 세상에서 버림받고 망가져 있는 그들에게 "돌아오라, 이스라엘아! 네 하나님 여호와께 돌아오라" 하고 말씀하셨습니다. 마치 탕자가 아버지의 재산을 가지고 집을 나갔다고 해도 여전히 아버지의 아들인 것처럼 그들이 하나님을 등지고 세상에서 헤매었어도 그들은 여전히 하나님의 신부, 하나님의 자녀였습니다.

하나님은 그들과 관계를 맺는 것만이 아니라 교제하기를 원하셨습니다. 혼인신고를 해서 함께 사는 부부도 삶을 들여다보면 부부가 아닌 동업자처럼 각자 주머니를 따로 차고 재산 관리를 따로 하며 서로의 사생활을 침범하지 않기로 약속하는 사람들이 있습니다. 부부간에 숨기는 것이 있으면 위험합니다. 그런 부부들은 함께 살아 행복한 것이 아니라 아픔을 느낍니다. 그래서 "차라리 혼자 살걸" 하고 말합니다. 하지만 그것은 혼자 사는 외로움과 아픔이 얼마나 큰지 모르고, 혼자 사는 것이 쉽지 않음을 모르고 하는 말입니다. 마찬가지로 하나님을 떠나 살면 편하고 좋을 것이라 생각해도, 막상 하나님을 떠나면 삶을 제대로 영위해나갈 수 없음을 알아야 합니다.

구름이 끼어 있어도 언제나 하늘의 해가 자기 자리를 지키고 있는 것처럼 하나님은 우리를 향하여 늘 변함이 없으신 분입니다. 그런 하나님께서 변심한 이스라엘의 회복을 원하시는데, 그 시작은 회개입니다.

회개를 미루지 마라

하나님께서 원하시는 회개는 이스라엘을 향한 그분의 마지막 초청입니다. "이스라엘아, 네 하나님 여호와께로 돌아오라" 하고 애절하게 부르십니다. 하나님만이 해답이므로 지금 당장 돌아오라는 것입니다.

하나님은 우리에게 최선보다 전심을 원하십니다. 그런데 우리를 위해 물과 피를 다 쏟으시며 십자가에 달리신 주님께 우리는 자신의 일부분만 드리면서 시간을 달라고 말합니다. 천천히 돌아가겠다고 말합니다. 아직도 여유가 있는 줄 압니다. 그제도 기회가 있었고 어제도 기회가 있었기에 오늘도 기회가 있고 내일도 기회가 있을 것이라 생각합니다. 그래서 "하나님, 때가 되면 돌아갈게요", "하나님, 조금만 기다려주세요. 하나님, 제가 지금은 열심히 기도하지 않지만 나중에는 정말 열심히 할게요"라고 말합니다.

그러면 하나님께서 기다려주실까요? 물론 기다려주십니다. 언제까지라도, 아니 영원까지라도 기다려주십니다. 탕자가 스스로 돌아올 때까지 기다리셨던 아버지처럼 기다려주십니다. 그런데 문제는, 하나님은 기다려주시는데 세상의 환경이 우리를 놓아주지 않는 것입니다.

예를 들어볼까요? 어느 날 쇼핑을 갔는데 백화점이 무너집니다. 지하철을 탔는데 지하철에 불이 납니다. 다리를 건너는데 다리가 무너집니다. 공중전화 박스에서 전화하고 있는데 건너편에서 트럭이 와서 밀어버립니다. 운전 잘하고 있는데 음주 운전자가 내 차를 받아버립니다. 그렇게 전혀 예상치 못했던 때에 생의 마지막을 맞이할 수도 있는 것입니다. 죄를 회개할 시간도 없이 이 세상을 떠날 수 있습니다.

가끔은 우리 아이들이 전날 학교 숙제를 다 하지 못했는지 아침에 졸음을 이기면서 숙제하느라 씨름하는 모습을 봅니다. 그때마다 부모 입장에서 "그러게 전날 좀 하지. 놀지 말고 진작 좀 해놓지" 하고 말하게 됩니다. 하나님 앞에서 여러분은 어떤 모습입니까? '회개'라는 숙제를 미루고 조급한 마음으로 살고 있지는 않습니까?

내 앞에 서라

하나님이 원하시는 회개는 먼저 하나님 앞에 서는 것으로 시작됩니다. 멀리서 죄를 뉘우치는 것으로 끝나는 것은 회개일 수 없습니다. 자신의 죄를 알고 "이렇게 살면 안 돼" 하며 주저앉아 있는 것도 회개일 수 없습니다. 그 정도는 세상 사람도 합니다.

하나님 앞에 설 때는 반드시 목욕하고 깨끗한 옷을 입고 자신의 삶을 깨끗하게 정리하고 나올 필요는 없습니다. 어떤 분은 전도하면 술 끊고 오겠다고 말합니다. 어떤 분은 담배 끊고 오겠다고 말합니다. 하지만 그분들이 술이나 담배 외의 다른 부분에서는 거룩하고 정결한지 모르겠습니다. 사마리아 여인이 주님 앞에 섰을 때 남편 문제를 정리하고 섰습니까? 삭개오는 자신의 문제를 정리한 뒤에 주님 앞에 나왔습니까? 아닙니다. 지금 모습 이대로 주님 앞에 서기만 하면 주님은 "지금 가서 옷 갈아 입고 와라. 네가 너무 추해서 도저히 어울릴 수가 없구나"라거나 "네 모든 문제 다 해결하고 오너라"라고 말씀하시는 것이 아니라 있는 모습 그대로 안아주실 것입니다.

자신의 죄를 인정하라

하나님이 원하시는 회개의 두 번째 단계는 주님 앞에 왔거든 죄인임을 고백하고 자신의 죄를 인정하는 것입니다. 죄인이 죄를 회개하는 것은 참 회개의 출발입니다. 대부분의 사람이 하나님 앞에 섰어도 합당한 회개의 열매를 맺지 못하는 이유는 핑계와 자기합리화 때문입니다.

혹시 다른 사람 때문에 범죄했더라도 상관없습니다. 주님은 모든 것을 알고 물으십니다. 그러니 하나님 앞에 나아갔다면 무조건 "내가 죄인입니다" 하고 고백하십시오. 하나님 앞에서 자기 죄를 깊이 인정하는 것이 참 복입니다.

신실한 약속을 붙잡으라

하나님이 원하시는 회개의 세 번째 단계는 말씀을 가지고 여호와께 돌아가는 것입니다. 감정이나 느낌을 믿지 말고 말씀을 믿어야 합니다. 죄를 느낌으로 정리하려 하지 말고 말씀이 주는 약속을 믿어야 합니다. 이것은 사단의 수없는 참소를 이기는 원리이기도 합니다. 구원도 느낌이 아닌 말씀 안에서 정리가 되어야 합니다.

영접하는 자 곧 그 이름을 믿는 자들에게는 하나님의 자녀가 되는 권세를 주셨으니(요 1:12).

느낌이나 감정을 앞세운다면, "네가? 감히 네가?" 하며 믿지 못할 내 감정과 의식이 스스로 나를 참소합니다. 내 자격, 내 능력이 아니라 오직 예수의 이름이 중요합니다. 그래서 우리는 기도할 때 "예수님 이름으로 기도합니다"라고 예수님의 자격으로, 예수님의 이름으로 마무리하는 것입니다. 나는 자격이 없어도 예수님의 자격으로 기도할 수 있습니다. 기도할 때 자신의 자격을 드러낸다면 그 기도는 빵점입니다. 바리새인의 기도가 그랬습니다. 자신이 구제하고 헌금하고 금식한 것을 드러내고 자랑하는 기도를 했을 때 주님은 그 기도를 기뻐하시지 않았습니다. 세리가 무릎 꿇고 "나는 죄인입니다" 하고 기도했을 때 그 기도를 기뻐하셨습니다.

어느 교회에 귀신들린 사람이 있어서 귀신을 쫓아내기 위해 평소에 기도를 많이 하는 집사님을 그 사람에게 보냈습니다. 그런데 그 집사님이 가더니 혼비백산해서 돌아왔습니다. 찬송을 한 시간 하고 귀신들린 사람을 잡고는 "예수의 이름으로 명하노니 나가라!" 했더니 귀신이 툭툭 치면서 "새벽기도도 안 하는 것이…" 하더라는 것입니다. 그 후로 그 집사님은 매일 새벽기도를 나가게 되었습니다.

그것을 본 목사님이 빙긋이 웃었습니다. 평소에 새벽기도 했으면 하는 집사님이 있어서 몇 번 말씀을 드렸지만 끝까지 버티고 안 해서 마음에 걸렸었는데 이번에 교육을 좀 시켜야겠다 생각한 것입니다. 그래서 그 집사님을 귀신들린 사람에게 보냈습니다. 목사님은 귀신 쫓아내는 것은 기대하지도 않고 교육만 받고 오기를 바랐는데 그 집사님이 기분이 좋아져서 왔습니다.

"집사님, 어떻게 됐어요?"

"귀신 쫓아내고 왔어요."

"아니? 그 귀신이 뭐라고 안 하던가요?"

"하던데요. 어떻게 알았는지 나더러 새벽기도도 안 한다고 비난하더라고요."

"그래서 어떻게 대답하셨어요?"

"이렇게 소리쳤더니 나가던데요. 그래, 안 나갔다, 이것아! 어쩔래? 예수의 이름으로 명하노니 나가!"

우리가 어쭙잖게 새벽기도 좀 한 것 가지고 의를 삼을 수 있습니까? 헌금 좀 했다고 그것으로 의를 삼을 수 있습니까? 교회 봉사 누구보다 열심히 했다고, 나한테 싫은 소리 한 사람을 용서했다고 자기 의에 매이면 되겠습니까? 신앙은 절대 내 자격으로 되는 것이 아닙니다. 오직 예수의 이름을 붙드십시오. 영원히 변하지 않는 것은 말씀입니다. 마귀는 내 생각과 내 못된 성품을 지적하며 참소합니다. 그래서 느낌이나 감정을 통해 구원을 확인하고 은혜를 확인하면 지치게 됩니다. 하지만 마귀가 참소하여 자신의 믿음을 의심하게 될 때라도 말씀으로 무장하고 있으면 흔들리지 않고 하나님을 찬송할 수 있습니다.

이제는 발을 내딛어라

하나님이 원하시는 회개를 하려면 네 번째로 삶의 결단이 필요합니다.

> 우리가 앗수르의 구원을 의지하지 아니하며 말을 타지 아니하며 다시는 우리의 손으로 만든 것을 향하여 너희는 우리의 신이라 하지 아니하오리니 이는 고아가 주로 말미암아 긍휼을 얻음이니이다 할지니라(호 14:3).

삶의 결단이 없는 회개는 회개가 아닙니다. "내가 앗수르의 구원을 의지하지 아니하며"라는 말은 인간적 방법을 쓰지 않는다는 것입니다. 땅에서 해답을 찾는 것이 아니라 하늘에서 해답을 찾아야 합니다. 당시 이스라엘은 어려움을 만나면 하나님을 구해야 하는데 앗수르에게 도움을 청했습니다. 그러다 나중에 앗수르에게 정복당하고 맙니다.

"말을 타지 아니하며"라는 말은 군대의 힘을 의지하지 않는다는 것입니다. 사람의 힘이나 능력이 아니라 오직 여호와만 의지해야 합니다. 세상적 관점으로는 우선 돈이나 권세가 있으면 힘이 있는 것 같아도 그런 것은 영원하지 않습니다. 하나님만이 힘입니다. 이스라엘 백성들이 가나안을 정복하러 갈 때 하나님께서는 여호수아에게 모든 말의 힘줄을 끊어버리라고 하셨습니다. 가나안 정복에 있어 오직 하나님의 힘만 의지하라는 뜻이었습니다.

하나님의 사람들에게 가장 큰 재산은 하나님을 경험하는 것입니다. 사업을 할 때도 돈만 벌 것이 아니라 하나님을 경험해야 하고, 자식을 키울 때도 하나님을 경험해야 합니다. 세상 방법으로 사는 사람들은 간증이 없습니다.

이스라엘 백성들은 우상을 정리하겠다고 말합니다. 하나님께만 예배하는 자가 되겠다고 말합니다. 삶의 결단을 내린 것입니다. 결단은 자신을 이기는 것입니다. 하나님에 대해서도 전혀 모르고, 신앙생활하는 사람들을 이해하지 못하던 어떤 분이 교회를 두 달 나오더니 은혜받아 하루에 두 갑 반씩 피우던 담배를 끊고 열심히 신앙생활을 한다는 이야기를 들었습니다. 하나님은 이러한 결단을 축복하십니다.

자신을 믿지 말고, 의지가 약하다고도 말하지 마십시오. 지금까지의 자신의 모습을 기준으로 삼지 마십시오. 하나님은 우리가 결단하면 감당하게 하시고, 축복하십니다. 에스더가 자기 민족을 구하기 위해 "죽으면 죽으리다" 하고 왕에게 나아갔을 때 믿음으로 갔습니까? 안 가면 안 되도록 상황이 조성되니까 결단하고 갔는데, 하나님을 경험한 것입니다. 결단하면 하나님이 역사하십니다.

변화된 모습을 보이라

하나님께서 원하시는 회개의 마지막 단계는 헌신입니다. 세상에 속했던 나를 하나님 앞에 드리는 것입니다. 회개한 뒤에도 아무런 삶의 변화 없이 계속 자신을 위해 살려고 하니까 자기 울타리 안에서 죄짓는 것을 반복하게 됩니다. "내가 죄인입니다" 하고 고백했으면 목사나 전도사가 되라는 것이 아닙니다. 하나님이 원하시는 것을 중요하게 여기는 사람으로 변화되어야 한다는 것입니다.

내가 그들의 반역을 고치고 기쁘게 그들을 사랑하리니 나의 진노가 그에게서 떠났음이니라(호 14:4).

'반역'은 하나님을 계속 거절하는 것이요, 자기 생각대로 행동하는 것입니다. 하나님은 이러한 행동을 고치고 싶어 하십니다. 아버지가 자식을 다듬고 싶어 하는 것처럼 하나님도 우리를 다듬고 싶어 하십니다.

이스라엘 백성들이 회개하자 하나님의 진노도 그들에게서 떠나고, 하나님께서 그들을 기쁘게 사랑하시겠다고 합니다. "기쁘게 사랑하리니"라는 표현 앞에서 저는 가슴이 '쿵' 하고 내려앉았습니다. 하나님께서 우리를 안타까운 마음이 아닌, 기쁜 마음으로 사랑하시겠다고 합니다. 회개하며 죄인임을 고백하는 순간 우리의 과거는 아무것도 문제가 되지 않습니다.

하나님이 그리시는 우리의 모습

내가 이스라엘에게 이슬과 같으리니 그가 백합화같이 피겠고 레바논 백향목같이 뿌리가 박힐 것이라 그의 가지는 퍼지며 그의 아름다움은 감람나무와 같고 그의 향기는 레바논 백향목 같으리니 그 그늘 아래에 거주하는 자가 돌아올지라 그들은 곡식 같이 풍성할 것이며 포도나무같이 꽃이 필 것이며 그 향기는 레바논의 포도주같이 되리라 에브라임의 말이 내가 다시 우상과 무슨 상관이 있으리요 할지라 내가 그를 돌아보아 대답하기를 나는 푸른 잣나무 같으니 네가 나로 말미암아 열매를 얻으리라 하리라(호 14:5~8).

〈호세아서〉 14장 5절 말씀을 보면 하나님께서 우리를 잠잠히 사랑하시며 잠잠히 거하기를 원하십니다. 이슬과 같이 임하시며 우리가 전혀 느끼지 못하는 가운데 함께해주시겠다는 것입니다. 돋아나는 새싹이 상하지 않게 보슬보슬 내리는 봄비처럼, 거룩하신 하나님께서 행여 우리가 상할까 염려하시며 한 걸음, 한 걸음 조심스럽게 다가오셔서 적절하게 은혜를 베푸십니다.

그리고 하나님께서 이스라엘에게 원하시는 모습의 그림을

그리십니다. 하나님이 첫 번째로 원하시는 것은 거룩함과 순결입니다. 회개하고 돌아와 이슬 같은 은혜를 입은 이스라엘을 백합화에 비유하시며 순결하고 거룩한 모습을 기대하십니다.

아무리 사역을 잘하고 성가대 지휘를 잘해도, 아무리 주일학교 교사로서 아이들을 잘 가르치고 목사로서 설교를 잘해도, 거룩함이 무너지면 절대 온전할 수 없습니다.

두 번째로 하나님은 이스라엘이 "레바논 백향목 같이 뿌리가 박힐 것이라"고 말씀하십니다. 레바논 백향목은 높이 솟은 만큼이나 뿌리가 깊이 박혀 있습니다. 따라서 모진 비바람과 태풍 앞에서도 자기 자리를 지킬 수 있습니다. 이스라엘 백성이 하나님에게 심겨져 어떤 유혹과 위협에도 넘어지지 않는 안정감과 굳건함을 가지기를 기대하시는 것입니다.

주께서 심지가 견고한 자를 평강하고 평강하도록 지키시리니 이는 그가 주를 신뢰함이니이다 너희는 여호와를 영원히 신뢰하라 주 여호와는 영원한 반석이심이로다(사 26:3~4).

세 번째로 하나님은 백성들에게 복의 근원으로서의 영향력을 기대하십니다. "그의 가지는 퍼지며 그의 아름다움은 감람나무와 같고 그의 향기는 레바논 백향목 같으리니"(호 14:6). 감람나무는 기름을 생산하여 사람을 이롭게 하고 백향목은 향기가 있어 사람들을 행복하게 합니다. 이처럼 이스라엘 백성이 다른 사람들을 이롭고 행복하게 하는 사람이 되기를 원하십니다.

우리가 자주 사용하는 '복의 근원'이란 말은 내가 복받는 것이 아니라 나 때문에 다른 사람들이 잘되었으면 좋겠다는 뜻을 담고 있습니다. 이 땅에 하나님 나라를 만들어가는 원리는 자신의 행복보다 다른 사람의 행복을 추구하는 것입니다. 부부간에도 나를 행복하게 하려고 하면 문제가 생깁니다. 배우자를 행복하게 해야 합니다. 그리고 두 사람이 이와 같이 한 마음으로 서로의 행복을 추구할 때 그 가정이 천국이 되는 것입니다.

네 번째로 하나님은 이스라엘 백성이 열매 맺는 성도가 되기를 기대하십니다. "그 그늘 아래에 거주하는 자가 돌아올지라 그들은 곡식같이 풍성할 것이며 포도나무같이 꽃이 필 것이며 그 향기는 레바논의 포도주같이 되리라"(호 14:7). 포도주는 결실로 인한 기쁨을 상징합니다.

시편 1편 3절에서는 그리스도인이 맺어야 할 열매에 대해

"철을 따라 열매를 맺으며"라고 말합니다. 봄, 여름, 가을, 겨울, 철을 따라 열매 맺는 나무가 있을까요? 있습니다. 바로 그리스도인의 나무입니다. 이 나무는 어떠한 위협과 핍박 앞에서도, 가난 속에서도, 오해를 받을 때도, 외로울 때도 그 안에서 사시사철 열매를 맺습니다. 이것이 하나님의 축복입니다.

하나님은 변하지 않는 그분을 닮아 우리도 함께 변하지 않는 성도이기를 원하십니다. "내가 언제나 너에게 하나님인 것처럼 너도 언제나 내 백성이었으면 좋겠다"는 것이 하나님의 바람입니다.

하나님은 우리를 주인공 삼아 회복의 그림을 그리기를 원하십니다. 아니, 이미 그림을 그려놓고 그 그림에 어울리는 사람으로 우리를 만들고 다듬어가십니다. 하나님은 우리의 행동을 지켜보신 후에 복을 주시는 분이 아닙니다. 축복의 그림을 보류해놓은 후 나중에 그려가시는 것이 아니라 무슨 일이 있든지 우리를 위한 그림을 이미 완성해놓으시고 여러 가지 일들을 통해 하나님이 목표하시는 그 그림에 어울리는 사람, 하나님의 축복을 받을 만한 사람으로 우리를 만들어가십니다.

죄인이었을 때에 우리를 부르신 하나님이 "너 앞으로 하는 것

봐서 복 줄게"라고 말씀하시면 우리는 자격이 없습니다. 우리는 지금까지 넘어졌던 것 이상으로 앞으로 또 넘어질 가능성이 있기 때문입니다. 그러나 다행스럽게도 우리를 위한 하나님의 그림이 완성되어 있고, 그 그림에 어울리도록 우리를 만들어가신다고 합니다.

그 과정 중에는 때때로 욥처럼 울기도 해야 하고 때로는 야곱처럼 고향을 떠나 멀리 가기도 해야 합니다. 하지만 오늘도 우리를 조금씩 만들어가시는 하나님을 신뢰하십시오. 하나님은 우리를 끝까지 포기하시지 않습니다. 조금 힘들고 어려워지면 우리는 인생이 끝난 것처럼 좌절하기도 하지만 하나님께서는 "나는 너를 반드시 내가 꿈꾸는 그림에 어울리는 사람으로 만들어놓을 거야!" 하고 말씀하십니다. 아브라함이나 요셉 등 많은 믿음의 사람도 절망의 순간마다 하나님을 붙들고 승리했습니다. 여러분도 실수가 없으신 하나님을 믿음으로 모든 어려움을 이겨나가길 바랍니다.

축복의 그림

> 누가 지혜가 있어 이런 일을 깨달으며 누가 총명이 있어 이런 일
> 을 알겠느냐 여호와의 도는 정직하니 의인은 그 길로 다니거니
> 와 그러나 죄인은 그 길에 걸려 넘어지리라(호 14:9).

호세아는 이렇게 결론을 맺습니다. 이 말씀을 단순히 과거의 말씀이라고만 생각합니까? 이것은 오늘 우리에게 주시기 위하여 작정하신 말씀임을 알아야 합니다.

> 무릇 의인들의 길은 여호와께서 인정하시나 악인들의 길은 망
> 하리로다(시 1:6).

이제 당신의 삶을 선택하십시오. 여러분은 하나님의 뜻대로 살 것입니까? 하나님의 원하심을 따라 살 것입니까? "나를 사랑하는 자들이 나의 사랑을 입으며 나를 간절히 찾는 자가 나를 만날 것이니라"(잠 8:17)라는 말씀은 내가 주님을 사랑하는 것만큼만 주님이 나를 사랑하신다는 것이 아니라 이미 나에게 사랑을 주셨다는 뜻입니다. 하나님 앞에 설 때마다 하나님이 나를 위

해 축복의 그림을 그려놓으시고 우리의 삶을 그 그림대로 차근차근 만들어가신다는 것을 믿으십시오. 지금까지의 여러분의 삶은 실패도, 실수도 아닙니다. 요셉이 종살이 10년, 감옥생활 3년을 한 것은 하나님이 그를 애굽의 총리로 완성해가시는 과정이었습니다. 오늘 우리의 시련도 축복을 위한 밑그림임을 믿고, 우리 삶의 화가이신 하나님을 찬송합시다. 때로는 조급하고 아프고 속상하겠지만 우리는 하나님의 뜻대로 살아야 합니다. 하루하루 주님 뜻대로 살아갈 수 있기를 바랍니다.

|묵|상|을|위|한|질|문|

1. 하나님께서 변심한 우리의 회복을 원하십니다. 그 회복의 시작은 무엇입니까?

2. 당신은 매일매일 '회개'라는 숙제를 잘하고 있습니까?

3. 하나님은 우리가 어떻게 회개하기를 원하실까요?

4. 하나님은 우리가 어떻게 살아가길 원하실까요? 그중에서 당신이 가장 먼저 실천할 수 있는 것은 무엇입니까?

5. 하나님이 그리시는 당신의 미래는 어떠할까요? 지금 당신은 그 그림대로 잘 살고 있나요?

───── ∽ 오늘을 위한 기도 ∽ ─────

내 삶의 주인이신 하나님, 〈호세아서〉를 통해 나를 향한 하나님의 마음을 알게 하시니 감사합니다. 하나님을 떠나 세상에 한 발을 담그고 살았던 나를 끝까지 포기하지 않으시고 축복의 그림을 그려주시니 감사합니다. 하나님께서 나를 위해 그리신 그림에 어울리는 사람이 되도록, 하나님이 원하시는 모습대로 살수 있도록 앞으로도 끊임없이 나를 붙들어주소서.